A Poesia de Brecht e a História

ERUDIÇÃO & PRAZER

Hegel e a arte
Gérard Bras

Dioniso a céu aberto
Marcel Detienne

Palavra e verdade
na filosofia e na psicanálise
Luiz Alfredo Garcia-Roza

A morte dos deuses
Michel Henry

A poesia de Brecht e a história
Leandro Konder

As "Teses sobre Feuerbach"
de Karl Marx
Georges Labica

Maneiras trágicas de matar
uma mulher
Nicole Loraux

A vida na Grécia clássica
Jean-Jacques Maffre

A sombra do objeto
Marie Moscovici

O processo de Sócrates
Claude Mossé

O pano do diabo
Michel Pastoreau

A força de atração
J.-B. Pontalis

O "Zaratustra" de Nietzsche
Pierre Héber-Suffrin

A morte nos olhos
Jean-Pierre Vernant

Leandro Konder

A Poesia de Brecht e a História

Jorge Zahar Editor
Rio de Janeiro

1996
Direitos para esta edição contratados com
Jorge Zahar Editor Ltda.
Rua México, 31 sobreloja
20031-144 — Rio de Janeiro, RJ
Tel.: (021)240-0226 — Fax: (021)262-5123

Ilustrações: George Grosz

CIP-Brasil. Catalogação-na-fonte
Sindicato Nacional dos Editores de Livros, RJ.

K85p Konder, Leandro, 1936 -
A poesia de Brecht e a história / Leandro Konder. — Rio de Janeiro: Jorge Zahar Ed., 1996
(Erudição & prazer)

Inclui bibliografia
ISBN 85-7110-376-5

1. Brecht, Bertolt, 1898-1956 — Crítica e interpretação. 2. Poesia alemã — História e crítica. 3. Literatura e história. I. Título. II. Série

96-1471 CDD — 831
CDU — 830-1

Sumário

Agradeço ao CNPq pela bolsa de pesquisa que me foi concedida no biênio 1994-96. Meus agradecimentos se estendem ao Instituto de Estudos Avançados da Universidade de São Paulo e ao Fórum de Ciência e Cultura da Universidade Federal do Rio de Janeiro (associado ao Instituto Goethe), pelas oportunidades que me proporcionaram de expor em palestras as idéias constantes deste livro. Agradeço, ainda, a meu filho Caíto, pela bem-humorada ajuda que me deu na digitação do presente ensaio. Dedico-o à memória de Ivan Otero Ribeiro, Luís Fernando Cardoso, José Guilherme Merquior, Agostinho Castejón e Ênio Silveira. E à memória de meu pai, Valério Konder.

Do lado esquerdo carrego meus mortos.
Por isso caminho um pouco de banda.
Carlos Drummond de Andrade

Introdução

— Como era possível alguém ser comunista?

Essa pergunta vem sendo formulada, hoje, por muita gente que se debruça sobre o passado recente com idéias nitidamente preconcebidas. Pessoas assustadas, ao se defrontar com os crimes de Stalin e de Mao-Tse-tung, ao ler os ridículos manuais oficiais do "marxismo-leninismo", sentem-se compreensivelmente à vontade para declarar que acham "incompreensível" (ou até "imperdoável") que tantas criaturas, há poucas décadas, tenham sido capazes de adotar aquela doutrina e aderir àquele movimento.

Entre os que se espantam com o fenômeno, podemos distinguir dois tipos: os que se limitam ao escândalo e os que sentem necessidade de compreender melhor o que se passou.

Na primeira categoria reúnem-se indivíduos com motivações diversas, desde os que têm medo de rever seus pontos de vista, e conciliar com a "monstruosidade" (atenuando sua repulsa ao comunismo), até os que, por inércia ou preguiça mental, se contentam com algumas imagens isoladas, alguns dados fragmentários, convencidos de que "no essencial" já sabem o que aconteceu. Entre eles, merecem registro, também, os dogmáticos do anticomunismo, empenhados em preservar sua antiga identidade.

A segunda categoria abrange tendências diferentes: os nostálgicos da velha esquerda, ansiosos para determinar exatamente "onde foi que o comunismo falhou" e "como a falha poderia ter sido evitada"; e os adversários mais inquietos e exigentes, que se sentem desafiados a entender mais claramente por que o comunismo chegou a ter a força que teve.

Para todos vale a advertência do filósofo Hegel, feita há quase dois séculos, na *Fenomenologia do espírito*: "Na facilidade com que o espírito se dá por satisfeito pode-se medir a extensão da sua perda" (Hegel 1992).

O comunismo, com suas ambigüidades, com suas contradições, teve facetas épicas, cômicas, trágicas, grotescas. Quem estuda a sua história encontra aspectos noturnos, terríveis, mas também momentos luminosos, atos de generosidade e heroísmo. Pretender avaliá-lo sumariamente através de juízos peremptórios, simplistas, é arriscar-se a cometer uma rematada tolice.

Havia, no âmbito do movimento comunista, uma grande diversidade de situações humanas, que abarcavam desde o oportunismo dos burocratas e a frustração rancorosa dos ressentidos até a revolta radical contra a injustiça e o sonho de um mundo mais humano, representado por importantes artistas e escritores.

No complexo universo do comunismo encontravam-se a delicada libertária Rosa Luxemburgo e o truculento Béria; o assassino de Trotsky, Ramón Mercader, e o cineasta Lucchino Visconti; o genocida Pol Pot e o pintor Pablo Picasso; os sinistros agentes da KGB e poetas como Eluard, Aragon, Maiakovski, Pasolini e Pablo Neruda.

Um esforço sério no sentido de caracterizar o conjunto do movimento não pode subestimar a importância dessas diferenças: precisa debruçar-se, pacientemente, sobre elas.

Não foi por acaso, é claro, que combativos intelectuais brasileiros, como Carlos Drummond de Andrade, Oswald de Andrade, Graciliano Ramos, Jorge Amado, Caio Prado Júnior, ou os pintores Cândido Portinari e Di Cavalcanti, em algum momento de suas vidas, se aproximaram do comunismo.

A história do movimento comunista — tão importante para a compreensão das vicissitudes políticas e culturais do nosso século — está marcada por fenômenos que precisamos examinar e reexaminar mais detidamente.

Tanto em suas vitórias como em suas derrotas, o comunismo contribuiu para forjar a situação atual do mundo, o quadro em que nos movemos e que tanto nos preocupa.

O tema do presente ensaio, contudo, não é a história do comunismo. Meu objetivo é mais modesto. Empenhei-me, aqui, no exame das relações existentes entre um grande poeta comunista e a história política do seu tempo (isto é, da primeira metade do século XX).

Mais precisamente: pretendo analisar as tensões presentes nos poemas de Bertolt Brecht, quer dizer, em uma parte da obra desse artista tão apaixonadamente empenhado em *fazer história*. E pretendo analisar também as marcas deixadas nos seus versos por uma história que, conforme ele percebia, estava sendo *feita por outros*.

Não se trata, convém esclarecer, de um estudo biográfico. Evitei recorrer a informações sobre a vida do poeta que não tenham ligação com a peculiar percepção da história que se expressa na sua poesia.

Nesta introdução, porém, não posso deixar de evocar alguns marcos da sua trajetória e registrar, ainda que muito sumariamente, alguns dados a respeito da sua obra.

Brecht nasceu em Augsburgo, em 1898, e morreu em Berlim, em 1956. Além da notória importância de suas peças, destacou-se como ensaísta, teórico e crítico. Escreveu muito sobre teatro, mas também sobre literatura e arte, sobre estética e política. Deixou-nos, ainda, roteiros de cinema, peças radiofônicas, dois romances (*Os negócios do senhor Júlio César* e *Romance dos três centavos*), um extenso diário de trabalho (*Arbeitsjournal*), cartas e uma considerável quantidade de poemas. Os quatro volumes de poemas reunidos de Brecht (*Gesammelte Gedichte*), lançados pela editora Suhrkamp, contêm cerca de 2.250 poemas (e alguns são bastante longos).

O presente ensaio foi escrito com a intenção de contribuir para a reflexão sobre *um* aspecto da caudalosa obra poética do nosso autor: a sua relação com a história.

Concentrado nesse tema específico, procurei me abster de incursões em outras áreas da sua produção literária, por mais fascinantes que pareçam. E, mesmo restrito ao campo escolhido, tive de renunciar ao exame de muitos poemas importantes, nos quais figuram questões vinculadas àquelas cuja discussão estava em pauta.

Na medida em que tinha consciência de estar debruçado sobre textos poéticos e me sentia desafiado a compreender a linguagem própria da poesia, evitei procurar algo como uma espécie de "tradução conceitual" para uma determinada "teoria da história" que estaria, subterraneamente, no fundo dos versos.

Em lugar de buscar um certo "conceito" de história, filosoficamente elaborado, percorri os poemas com desenvoltura ensaística, atento às imagens, às representações, não só de uma história que o poeta queria conhecer de forma crítica, mas também de uma história que ele ansiava por inventar, que desejava que se fizesse inovadoramente, por meio de uma revolução libertadora.

Senti que não estava interrogando o teórico: estava dialogando com o poeta. Ainda que se tratasse da mesma pessoa, era evidente que lidava com uma chave lingüística especial.

A linguagem da poesia, por sua própria natureza, também exige uma "leitura" especial: pede um leitor disposto a respeitar e apreciar a força das suas imagens, dos seus recursos rítmicos, da sua sonoridade, das suas metáforas. Os caminhos da sensibilidade não são refratários à abordagem científica e aos critérios da razão, mas também não se deixam "reduzir" a interpretações "racionais" (e jamais se deixam "enquadrar" em parâmetros fixados pela ciência).

O esforço no sentido de compreender de que maneira Brecht representava a história (essencialmente a história do seu tempo, "o presente como história") levou meus comentários a estabelecerem, com freqüência, certa "contigüidade" em relação aos textos do poeta, recorrendo a numerosas *citações*. Deparei-me, então, com um problema: o das traduções.

Existem diversas versões de poemas de Brecht para o português. Foram publicadas coletâneas de poemas de Brecht por Geir Campos (*Poemas e canções*, Rio de Janeiro, Civilização Brasileira, 1966), por Arnaldo Saraiva (*Poemas*, Lisboa, Presença, 1976), por Edmundo Moniz (*Antologia poética*, Rio de Janeiro, Leitura, 1977) e por Paulo César Souza (*Brecht: poemas, 1913-1956*, São Paulo, Brasiliense, 1986).

Há poemas de Brecht em traduções avulsas feitas por Manuel Bandeira, Haroldo de Campos, Roberto Schwarz, Fernando Peixoto, Millôr Fernandes, Lya Luft, Gilda Oswaldo Cruz e outros nomes de peso.

Em princípio, poderia me ter servido de versões feitas por esses tradutores. Preferi, contudo, traduzir por minha própria conta e risco os versos que me dispunha a citar. Afinal, por melhor que seja, nenhuma tradução poderia pretender ter recriado definitivamente em português todas as qualidades do texto alemão, ou poderia presumir ter sido absolutamente fiel à dicção do poeta no original.

Por isso, sem qualquer diminuição em meu apreço por boa parte do trabalho já realizado, preferi fazer minhas próprias traduções. Pareceu-me um procedimento mais adequado, já que em poesia, mais do que em qualquer outro texto, toda tradução implica uma interpretação mais ou menos arriscada. É conveniente que o autor do ensaio, que cita os versos num contexto necessariamente tão interpretativo, sempre em função das observações que está fazendo e das idéias que está expondo, assuma igualmente a responsabilidade pela interpretação subjacente à versão do texto citado.

Percebi, porém, que essa opção deveria ter uma contrapartida. A incorporação dos versos citados e traduzidos ao corpo do meu texto, ao movimento do meu pensamento, deveria ser feita em condições que facilitassem ao leitor um certo controle da "utilização" do poeta alemão pelo seu intérprete brasileiro. Os leitores — especialmente os leitores que têm alguma familiaridade com o idioma alemão — deveriam dispor de elementos de informação que lhes permitissem avaliar as liberdades que o tradutor tomou com a poesia comentada.

Decidi, assim, ainda que sobrecarregando o texto, nas páginas seguintes, transcrever no original alemão os poemas ou versos de Brecht que "transcriei" nas citações.

Com isso, os leitores dispõem de dados necessários para, eventualmente, divergir de minha proposta.

1

Os primeiros grandes temas. As primeiras inquietações. A guerra. A cidade.

Brecht fez poesia desde muito cedo. Já em 1913, quando tinha 15 anos de idade, publicava poemas. A princípio no jornal da escola, depois no suplemento literário de um jornal de Augsburgo, sua cidade natal.

Além de ser significativa pela constância com que o escritor a ela se dedicou, a poesia de Brecht tem sido reconhecida como um dos pontos altos da poesia do século XX. Otto Maria Carpeaux, que não apreciava o homem (considerava-o um "cínico"), sublinhava a qualidade literária da obra. Escreveu que a poesia de Brecht, além de ser "da maior importância, é das mais intraduzíveis", porque se serve de elementos colhidos em canções populares, baladas de cabaré, cânticos roucos de igrejas rurais, "desafios" de feiras e paródias (Carpeaux 1966, p.3424).

Através dessa produção poética infatigável, temos, então, preciosos elementos para examinar aspectos altamente significativos da história da poesia do nosso século e para tentar compreender melhor os movimentos subjetivos do escritor, desde os seus primórdios.

Quando começou a Primeira Guerra Mundial, em 1914, Brecht, influenciado por professores, chegou a escrever poemas patrióticos. Em 1916, entretanto, já estava com 18 anos e se rebelou. Deram-lhe para comentar um verso do poeta Horácio ("doce e honroso é morrer pela pátria") e o moço reagiu com acrimônia: escreveu que o verso só podia ser mera propaganda, já que "despedir-se da vida é sempre duro, na cama ou no campo de batalha".

A partir daquele momento, consolidaram-se suas convicções pacifistas e sua poesia passou a denunciar não só a inumanidade da guerra como também a estreita ligação que aparece nas conflagrações entre a desgraça dos pobres e o aumento do lucro dos ricos.

O pacifismo do poeta se desdobrou em antimilitarismo. Havia, na tradição prussiana, autoritária, bastante espaço para uma idealização do exército e da vida militar. Também a Baviera e o sul da Alemanha eram permeáveis a essa idealização. Brecht, em vários poemas, se insurgiu contra ela, nos quatro ou cinco anos que se seguiram imediatamente à Primeira Guerra Mundial.

Um desses poemas é a "Canção dos três soldados", que evoca três amigos compulsoriamente mobilizados, postos na frente de batalha; no último quarteto, eles morrem e são logo substituídos por outros recrutas, porque "o sangue continua vermelho/e o exército continua a convocar gente" [*Blut ist immer noch rot / Und für die Armee wir jetzt wieder geworben*].

Outro poema está dedicado a um soldado que, embora tenha sobrevivido, sente que sua vida ficou irremediavelmente danificada:

Sua palavra era amarga,
seus caminhos eram tortos.
Sete anos na sua carga,
sete longos anos mortos.

Ihre Worte waren Bitter
Ihre Wege waren krumm.
Hin durch sieben lange Jahre
Sieben Jahre gingen um.
(*Gesammelte Gedichte*, p.121)

Um terceiro poema é um *flash* extraído da existência quotidiana prosaica e embrutecedora dos soldados, uma quadrinha grotesca:

As unhas do meu pé crescem vistosas
agora que já não são mais cortadas.
Só preciso de botas espaçosas
pra não gemer nas minhas caminhadas.

Und wächst mir der Nagel am Fuss alsdann
Ich schneide ihn jetzt nimmer.
Ich will nur grössere Stiefel ha'n
Sonst komm ich mit Gewimmer.
(GG, p.119)

Além do pacifismo, desdobrado em antimilitarismo, a poesia do jovem Brecht deixa transparecer uma forte preocupação com a grande cidade. Percebe-se que o poeta ficou impressionado com Munique e, mais ainda, com Berlim. Ficou perplexo e logo revoltado diante das condições extremamente inóspitas em que os seres humanos eram desafiados a sobreviver nas metrópoles da época, sob a lei do mais crasso utilitarismo e pressionados pela mais brutal competição.

Willi Bolle observa: "A metrópole contemporânea aparece aos seus olhos, antes de mais nada, como uma grande praça mercantil, 'onde se negocia o ser humano'" (Bolle 1987, p.61).

Brecht inventa um nome para esse palco de brutalidades: "Mahagonny". Na primeira cena da peça que escreveu sobre *A ascensão e a queda da cidade de Mahagonny*, dois personagens explicam "por que o lugar é tão ruim":

> Porque não há tranqüilidade,
> nem há consenso;
> porque não há nada
> que a gente possa preservar.
>
> *Weil keine Ruhe herrscht*
> *Und keine Eintracht*
> *Und weil es nichts gibt*
> *Woran man sich halten kann.*

O poeta se debruça sobre a estranha espécie de habitante que conseguia se adaptar ao local, empenha-se em compreendê-lo. Que tipo de homem é esse que vive nas grandes cidades modernas? O crítico Walter Benjamin afirma: "Brecht é, talvez, o primeiro grande poeta que tem algo a dizer a respeito do homem urbano" (Benjamin 1966).

E o que ele tem a dizer não é nada lisonjeiro. Aproveitando um conto de Grimm, que relata o assassinato de um cavalo falante de nome Falladah, Brecht fez um poema no qual indagava, em nome do animal que acabara de morrer, as razões da sofreguidão com que os circunstantes retalharam sua carne, quando perceberam que o bicho não agüentava mais puxar a carroça, antes mesmo que ele fechasse os olhos.

Falladah recordou o passado, lembrou que aquelas criaturas lhe davam côdeas de pão, não lhe pareciam especialmente perversas; quando, porém, o viram fraquejar, lançaram-se sobre ele com uma voracidade surpreendente.

> Perguntei pra mim mesmo: que tipo de frieza
> baixou sobre esses desgraçados?
> Quem os levou à torpeza?
> Quem os fez baixar o nível?
> Vocês precisam ajudá-los, rápido, coitados,
> se não, vai acontecer algo que vocês acham impossível.
>
> *Da fragte ich mich: Was für eine Kälte*
> *Muss über die Leute gekommen sein!*
> *Wer schlägt da so auf sie ein*
> *Dass sie jetzt so durch und durch erkaltet?*
> *So helfet ihnen doch! Und tut es in Bälde!*
> *Sonst passiert euch etwas, was ihr nicht für möglich haltet.*
> (*GG*, p.61-2)

Os quatro primeiros versos da parte do poema que traduzi se referem aos habitantes pobres da cidade, condenados a viver em uma espécie de estado de guerra. Os dois últimos versos, contudo, têm outro destinatário: eles advertem os que podem ajudar, quer dizer, os abastados, para o risco que correm de uma catastrófica explosão de revolta.

Essa visão apocalíptica da grande cidade, então, mostra um entrelaçamento do tema da metrópole com o tema da guerra.

Outra observação que pode ser feita a propósito da visão apocalíptica da "selva da cidade" (título de uma peça que Brecht escreveu nesse período) é a de que o poeta unia convicções materialistas a tons religiosos no quadro que pintava. Por um lado, era materialista, irritava-se com as mistificações conformistas patrocinadas pelos pregadores religiosos; por outro, o inconformismo em face de uma sociedade atomizada, pulverizada e amesquinhada pela hipercompetitividade individualista, alimentava-se da leitura da Bíblia. Imagens bíblicas davam força ao protesto do poeta contra um mundo de indivíduos incapazes de transcender seus horizontes privados, pobres de valores comunitários, carentes de universalidade (Marsch 1974, p.157).

O orgulho do homem urbano era uma postura de evidente falsidade, suas imponentes construções eram apenas tentativas irrisórias de disfarçar a provisoriedade da sua passagem pelo mundo. A exacerbação dos conflitos estruturais da sociedade que se condensava no espaço da grande cidade implicava uma destrutividade cada vez maior. Num poema de 1927, o poeta vê na metrópole um movimento que leva à ruína:

Embaixo dela, os esgotos;
nela mesma, não tem nada;
em cima dela, fumaça.
Nela nós vivemos, rotos,
a nossa vida frustrada,
uma passagem violenta.
E a cidade também, lenta,
a cidade também passa.

Unter ihnen sind Gossen
In ihnen ist nichts, und über ihnen ist Rauch.
Wir waren drinnen. Wir haben nichts genossen.
Wir vergingen rasch. Und langsam vergehen sie auch.
(*GG*, p.215)

Naqueles anos, a poesia de Brecht tinha pontos de contato inegáveis com o estado de espírito que se manifestava nas obras de alguns autores *expressionistas.*

Não cabe aqui, certamente, uma análise do que foi o expressionismo. É suficiente assinalar o fato de que os representantes mais notáveis da nova tendência eram artistas visuais e escritores que expressavam uma insatisfação veemente em face da sociedade que havia atravessado a guerra sem se autoquestionar. A violência da linguagem, em especial, correspondia à necessidade sentida por esses artistas de reagir contra a sobriedade e o equilíbrio de uma cultura "oficial" conservadora.

Diante dos "bons modos" que camuflavam ou atenuavam a gravidade dos problemas da época, Brecht era levado a partilhar de alguns dos ímpetos mais "destrutivos" dos expressionistas. E essa afinidade fica explícita em vários momentos da sua produção poética desse período. Basta lembrar, por exemplo, a evocação, feita com deliberada impertinência, do "gigantesco peido com que o último mamute encerrou sua dura e bem-aventurada existência terrena" [*das gigantische Darmgeräusch, mit dem das letzte Mammut sein hartes und seliges Erdenleben abschloss*] (*GG*, p.75).

O ímpeto contestador chegou a assumir, tanto nos expressionistas como em Brecht, um tom francamente *niilista.* Uma manifestação disso, na poesia do jovem Brecht, pode ser enxergada no poema "O que nasceu tarde" (*GG*, p.99):

> Confesso: não
> tenho nenhuma esperança.
> Os cegos falam de uma saída. Eu, porém, vejo.

Quando os erros já foram usados e abusados,
senta-se à nossa frente, pra nos fazer companhia,
o Nada.

Ich gestehe es: ich
Habe keine Hoffnung.
Die Blinden reden von einem Ausweg. Ich
Sehe.
Wenn die Irrtümer verbraucht sind
Sitzt als letzter Gesellschaftler
Uns das Nichts gegenüber.

Brecht não estava isolado. O sentimento que ele expressava não era estranho a muitas outras pessoas. Seus poemas tinham considerável repercussão. Antes de completar trinta anos, já era reconhecido como um grande poeta.

Sua coletânea de poemas intitulada *Breviário doméstico* (*Hauspostille*), publicada em 1927, provocou impacto. Kurt Tucholsky saudou o autor, escrevendo: "Ele e Gottfried Benn são, na minha opinião, os maiores talentos poéticos na Alemanha atual." E Herbert Ihering afirmou que ele havia mudado a fisionomia literária da Alemanha: "Com Bert Brecht, o nosso tempo ganhou um novo tom, uma nova melodia, uma nova maneira de ver as coisas."

É verdade que o sucesso do *Breviário* se beneficiou de uma atitude de incisiva provocação assumida por Brecht no final de 1926: ele foi convidado para julgar cerca de 400 poemas apresentados num concurso instituído pela revista *O Mundo Literário* e decidiu que nenhum dos autores que haviam se candidatado merecia o prêmio. Na justificativa do seu julgamento ainda acrescentou: "Fiquei conhecendo aqui uma espécie de juventude que eu teria tido grande proveito em continuar desconhecendo."

O escândalo, sem dúvida, contribuiu para a projeção do petulante julgador. No entanto, a reação escandalizada do público e de boa parte da crítica não bastaria, por si só, para assegurar ao livro o êxito alcançado. Havia nos poemas não só uma altíssima qualidade literária como também um timbre de autenticidade que foi reconhecido e apreciado pela nova geração de escritores a que Brecht pertencia.

Nos setores mais inquietos da intelectualidade alemã, podiam ser notadas a angústia e a frustração ligadas à derrota da esquerda revolucionária e à situação de esvaziamento da crítica radical no interior da República de Weimar, quer dizer, às condições institucionais que se seguiram ao fim da guerra e ao fim do império. Expandia-se a sensação de que não havia muita coisa a fazer para mudar o estado de coisas existente, considerado altamente insatisfatório.

Brecht participava do impasse em que se mesclavam uma contestação furiosa e um desânimo insuperável. Fernando Peixoto observa: "Seus primeiros poemas e suas primeiras peças são a reflexão da trágica situação de uma geração desiludida" (Peixoto 1974, p.26).

O que o escritor queria, com sua poesia, era contribuir para que a dureza do quadro fosse percebida em toda a sua dimensão. Ele manifestava uma drástica recusa a qualquer tentativa de "embelezamento" da realidade. Eventualmente, se assim lhe parecesse, o poeta precisava ter a coragem de encarar a escuridão total, a podridão, o beco sem saída, a inexorabilidade da morte. A companhia do Nada.

Havia, contudo, uma esperança subterrânea, a convicção de que a condição humana tinha uma força própria, um insuprimível poder de se insurgir, uma certa grandeza ineliminável. "Ser humano" — admitia o poeta — "é uma grande coisa" [*Menschsein ist eine grosse Sache*] (GG, p.144).

Na origem dessa força, dessa grandeza, estava seguramente o gosto pela vida. Mesmo postos em condições miseráveis de existência, os seres humanos se apegam à vida, resistem à idéia de deixar o mundo. O poeta lhes recorda essa peculiaridade num poema que deve ser evocado na íntegra:

Vocês nasceram franzinos,
pequenos e nus também;
sobreviveram, mofinos,
graças à ajuda de alguém.
Ilustres desconhecidos,
ninguém de fato os chamou;
não foram bem acolhidos,
mas alguém os ajudou.
O mundo é frio, é imundo,
mas, sob uma crosta dura,
vocês amaram o mundo,
ao irem pra sepultura.

Auf die Erde voller kaltem Wind
Kamt ihr alle als ein nacktes Kind.
Frierend lagt ihr ohne alle Hab
Als ein Weib euch eine Windel gab.
Keiner schrie euch, ihr wart nicht begehrt
Und man holte euch nicht im Gefährt.
Hier auf Erde wart ihr unbekannt
Als ein Mann euch einst nahm an der Hand.

Von der Erde voller kaltem Wind
Geht ihr all bedeckt mit Schorf und Grind.
Fast ein jeder hat die Welt geliebt
Wenn man ihm zwei Hände Erde gibt.
(*GG*, p.205).

Se, por um lado, essa capacidade de amar (apontada no poema com certa ironia) era a fonte de uma esperança, e podia impelir os homens à busca de uma existência menos penosa, por outro lado ela tornava as criaturas mais vulneráveis às ilusões e às mentiras.

Os que tiram proveito das guerras, e exploram a miséria nas grandes cidades, dispõem de instrumentos poderosos para extrair vantagens das expectativas acalentadas pela maioria sofredora da humanidade.

No essencial, as posições éticas/estéticas de Brecht, naqueles anos, passavam por uma insistente conclamação às pessoas no sentido de não acreditarem nas palavras melífluas dos "de cima".

Um poema típico dessa disposição é "Contra a sedução" (*GG*, p.290). Nele, como assinalou Walter Benjamin, o poeta parodia a forma solene do sermão eclesiástico, servindo-se de suas advertências graves e moralizantes para incitar o leitor a uma certa incredulidade fundamental. Cada uma das quatro estrofes do poema começa com uma incisiva recomendação: "Não se deixe seduzir!", "Não se deixe consolar!", "Não se deixe enganar!" e — repetindo — "Não se deixe seduzir!" O ser humano precisa saber assumir seu apego à vida, precisa saber gozá-la, lutar pelo direito de vivê-la plenamente, porque ela é curta e "não será suficiente

/quando vocês tiverem que deixá-la" [*Es wird euch nicht genügen/Wenn ihr es lassen müsst*].

Por que os "de baixo" se acomodam com tanta docilidade às normas estabelecidas pelos "de cima"? Essa questão preocupa Brecht e o inclina a interessar-se por todas as manifestações de rebeldia. Os poetas que ele freqüenta com maior agrado são os contestadores. Lê com fascínio o francês François Villon, expoente do século XV, boêmio, ladrão e assassino. Sofre a influência de Franz Wedekind, agitado precursor da "revolução sexual" que sacudiu os espíritos da *belle époque* na passagem do século XIX ao XX. E se encanta com os versos de Arthur Rimbaud, o gênio precoce que olhava em volta e denunciava que "a verdadeira vida está ausente" [*la vraie vie est absente*], antes de concluir: "é preciso mudar a vida" [*il faut changer la vie*] (Pietzcker 1974).

Admirando-os, Brecht de algum modo se identifica com eles. Mostra pertencer a uma "família" especial de poetas: integra a estirpe dos "libertários", daqueles artistas que se contrapõem apaixonadamente à ordem vigente, à teia das normas instituídas, aos padrões dominantes na sociedade em que vivem.

Não são revolucionários articulados, não se filiam a nenhum movimento político ou social organizado. Não têm compromisso assumido com a ação coletiva de grupo algum empenhado em edificar uma sociedade diferente.

Nessa postura "libertária", Brecht se insurge contra um mundo deformado, mas, como não confia em nenhuma alternativa definida para a superação deste nosso mundo, sente-se imerso nele. Vê-se cercado de tipos humanos que não aprecia, porém admite que são seus "iguais".

Num poema ironicamente intitulado "Sobre o pobre B.B." (*GG*, p.261), escrevia, em 1922, sobre as criaturas com quem lidava: "São animais de odor bastante peculiar / e eu digo: não faz mal, eu também o sou" [*Es sind ganz besonders riechende Tiere / Und ich sage: Es macht nichts, ich bin es auch*].

Na medida em que não se sentia o representante de uma nova espécie (ou de uma nova sociedade), admitia estar condenado a uma certa degradação: apesar das raízes que trazia da Floresta Negra e das remotas origens camponesas, era — afinal — um "homem urbano". Por isso, estava condenado a ser (ao menos um pouco) como os outros; não podia situar-se inteiramente acima deles.

Descrevia-se, com a habitual irreverência, como alguém que partilhava dos (maus) hábitos dos habitantes da metrópole:

> Desde o começo,
> me deram todos os tipos de extrema-unção:
> jornais. E cigarros. E conhaque.
>
> *Von allen Anfang*
> *Versehen mit jedem Sterbesakrament:*
> *Mit Zeitungen. Und Tabak. Und Branntwein.*

Com esse estado de espírito, era bastante compreensível que o poeta, cético, desconfiado de tudo, não se mostrasse propenso a entoar o canto do "amor-acima-de-tudo". Embora se envolvesse com diversas mulheres — sucessiva e às vezes concomitantemente — Brecht não podia deixar de levar para o amor sua divisão interior, que o impedia de se dar por *inteiro* nas relações amorosas. Ele mesmo prevenia as mulheres: "Em mim vocês têm alguém em quem não podem confiar."

Contudo, as contradições internas e a recusa a uma entrega total não o impediam de amar. E o amor inevitavelmente se expressava nos poemas.

Em dois poemas desse período, o amor aparecia curiosamente associado às nuvens. No poema "L'étranger", o poeta Baudelaire já dizia que as nuvens eram as únicas coisas que poderiam ser amadas por alguém que se sentisse como um estrangeiro no mundo. Na "Canção da nuvem da noite" (*GG*, p.48), o amor tem a ver com a nuvem que "quer ser o imenso céu inteiro", porém só consegue ficar "sozinha com o vento". E em "Recordação de Marie A." (*GG*, p.232) o rosto da namorada beijada em Augsburgo não é lembrado com nitidez, mas permanece na lembrança uma nuvem branca que estava no céu na hora do enlace amoroso e que logo se desvaneceu.

Essa nuvem chamou a atenção de uma leitora atenta dos poemas de Brecht: a ensaísta Hannah Arendt. Não se pode, decerto, atribuir à nuvem uma significação unívoca, atrelando a riqueza sugestiva da imagem a uma tradução estritamente conceitual. Em todo caso, talvez não seja uma interpretação abusiva aquela que sugere que na nuvem havia uma certa comprovação de que as experiências vividas pelos homens comportam elementos capazes de perdurar, mesmo quando aparentemente se dissipam, se são recriados pela poesia (Arendt 1987, p.197).

A questão estava posta para o jovem Brecht e voltaria a se apresentar, sob outra forma, para o Brecht maduro: o movimento dos seres humanos, ao fazerem sua história, só engendra realidades provisórias, efêmeras, momentâneas?

Ou, sem resvalar para uma perspectiva metafísica, podemos pensar na existência de uma dimensão na qual — hegelianamente — uma certa continuidade se afirma através da descontinuidade?

Somos indivíduos mortais, criaturas finitas, realidades singularmente fugazes. Será que, no entanto, algo de nós (algo do que nós fazemos) pode se incorporar a um movimento coletivo e ter, assim, uma continuação, um *prosseguimento* na história?

2

O apoio aos "de baixo". As contradições assumidas. A conversão ao marxismo.

Para Brecht, uma coisa era certa: os "de baixo" — com os quais se solidarizava — precisavam se unir contra os "de cima". A força dos privilegiados, a rigor, era mais provisória do que a capacidade de resistência dos oprimidos.

O opressor oprime, pode matar, mas um dia acaba morrendo e seu sistema de opressão envelhece, enferruja. Os métodos da dominação se renovam, assumem novas características, porém acabam sendo corroídos.

Se algo capaz de perdurar podia ser alcançado pela ação humana, esse algo teria que vir da massa dos pobres. Um pequeno poema dizia isso de forma exemplar. Na peça *Santa Joana dos matadouros*, a neve caía, implacável, congelando as pessoas, quando aparecia no palco um cartaz lembrando aos espectadores que nem o frio mais cruel conseguiria destruir definitivamente o povo. No cartaz se lia o poema "Tempestade de neve" (*GG*, p.1149):

A tempestade nos gela.
Quem vai resistir a ela?
Quem fica? Vê se descobres:
A terra, as pedras e os pobres.

Der Schnee beginnt zu treiben
Wer wird denn da bleiben?
Da bleiben, wie immer, so auch heut
Der steinige Boden und die armen Leut.

Para que os humildes, os deserdados, tomassem consciência de sua força, dessa capacidade de perdurar, de renascer na história, era importante que não fossem nem bajulados pelos "amigos", nem se sentissem desqualificados, acreditando no discurso dos "inimigos". Deveriam se despir de suas ilusões, reconhecer que dependiam uns dos outros. Lutar juntos, enfim.

Por um lado, precisavam ser combativos e deviam ter consciência de que o resultado dos combates dependeria deles; por outro lado, era imprescindível que reconhecessem seus limites, se poupassem, se orientassem de acordo com uma "implacável transigência" [*mit unerbittlicher Nachgiebigkeit*] e aprendessem a vergar durante as tempestades (para não quebrar).

Uma das dificuldades que os homens do povo enfrentam para poder se enxergar e se aceitar como são está justamente numa certa autodepreciação que os leva a confiar demais nos chefes, nos dirigentes, nos cérebros iluminados de alguns "super-homens".

Brecht tinha consciência dessa dificuldade. No poema "Os grandes homens" (*GG*, p.146), alertava: "Os grandes homens dizem muita asneira" [*Die grossen Männer sagen viele dumme Sachen*]. E recomendava: "Os grandes homens devem ser respeitados,/mas não se deve acreditar neles" [*Die grossen Männer sollte man ehren / Aber man sollte ihnen nicht glauben*].

Entre os "grandes homens" ridicularizados no poema, ao lado do "grande Alexandre" e do "grande Copérnico", os leitores encontravam ninguém menos que "o grande Brecht", ironicamente autocaracterizado como um sujeito que não conseguia compreender as coisas mais simples e filosofava sobre o capim...

Como escritor influente, teatrólogo famoso, artista muito conhecido, Brecht se dava conta de que, de algum modo, figurava entre os "grandes": não era *igual* à multidão dos indivíduos anônimos a quem dava sua solidariedade. Mesmo quando estava junto a eles e procurava ajudá-los, era *diferente*.

Hannah Arendt vê no protagonista do poema "O senhor dos peixes" (GG, p.192) um auto-retrato do poeta, com sua "mescla de orgulho e humildade", solícito em relação aos pescadores, mas condenado a permanecer um tanto estranho a eles (Arendt 1987). É um ser "próximo e desconhecido de todos" [*Allen unbekannt und allen nah*], que jamais se integra completamente à comunidade, porém de fato "não impede ninguém de falar onde ele se cala" [*Wirklich er verwehrt es keinem/Dort zu reden, wo er schweigt*].

Em torno de 1926-7, Brecht viveu um período de mudanças significativas. Preocupava-o, mais do que nunca, o destino das grandes cidades e de seus habitantes. Publicou na época uma coletânea de poemas intitulada *De um manual para habitantes da cidade*.

O poema que abria o volume — "Apaga os teus rastros" (GG, p.267) — expressava com muito vigor o mal-estar da massa dos moradores que não se sentiam em casa no espaço urbano. Nele transparecia com nitidez a angústia dos que eram obrigados a sobreviver na metrópole como se fossem exilados ou perseguidos. O poeta lhes transmitia o conselho terrível:

Quando o teu companheiro bater,
não — oh, não! — não abras a porta,
mas
apaga os teus rastros!

Wenn dein Kamerad anklopft
Öffne, oh, öffne die Tür nicht
Sondern
Verwisch die Spuren!

Walter Benjamin notou que os assustadores conselhos que o poeta transmitia aos habitantes das grandes cidades tinham algo das recomendações que os dirigentes das organizações revolucionárias clandestinas costumam fazer aos seus militantes, atuando à margem da lei.

Quando escreveu o poema, entretanto, Brecht ainda não decidira se aproximar do marxismo e dos comunistas (o que afinal faria nos meses seguintes). Depois de sustentar em seus poemas e em suas peças posições de aguda contestação, resolveu escrever uma peça intitulada *Joe açougueiro*. Para estudar a mecânica da produção capitalista, empreendeu a leitura de *O capital* e de outros escritos de Marx. Chegou rapidamente à conclusão de que Marx era o "espectador ideal" das suas peças. Convenceu-se de que as teorias do filósofo o ajudavam a compreender melhor o alcance e o sentido das coisas que vinha escrevendo.

Mais: forneciam-lhe preciosas armas para travar com maior eficácia seu combate contra a burguesia.

Sua postura rebelde antiburguesa ganhou um novo fundamento. Marx lhe permitia ver o grande proprietário não só como encarnação de um ser social nocivo, mas também como uma figura que estava se tornando arcaica, uma espécie de dinossauro em face das possibilidades de construção de uma sociedade mais justa.

O novo ponto de vista adotado pelo poeta a respeito do grande proprietário ficaria claro, alguns anos depois, nos versos do prólogo de *O senhor Puntilla e seu criado Matti:*

> Vocês vão ver no palco iluminado
> um bicho pré-histórico chamado
> *estatium possessor*, da espécie dita
> o grande proprietário parasita
> e predador, um tipo de animal
> que é uma autêntica praga mundial.

> *Wir zeigen nämlich heute abend hier*
> *Euch ein gewisses vorzeitliches Tier*
> Estatium possessor, *auf deutsch Gutsbesitzer genannt*
> *Welches Tier, als sehr verfressen*
> *und ganz unnützlich bekannt*
> *Wo es noch existiert und sich hartnäckig hält*
> *Eine arge Landplage darstellt.*

Os conceitos de Marx chegaram num momento em que Brecht estava realmente buscando o que eles podiam lhe dar. Na peça *A ópera de três centavos*, encenada em 1928, o poeta, nas suas canções, não fala diretamente por si mesmo: fala por seus personagens. E se serve de critérios marxistas para expor — com "distanciamento" — o ponto de vista de cada um (com seu peculiar condicionamento de classe).

O negativismo que ele mesmo havia manifestado nos anos anteriores foi transposto para o discurso de seres de ficção, que se moviam no palco, representando múltiplos descaminhos.

O final da canção "De como são vãs as aspirações humanas" é cantado por um explorador de mendigos, o meliante Peachum. E a canção "Jenny dos piratas" é cantada por Polly, a filha de Peachum, que vai se casar com o gângster Macheath, cognominado Mac Navalha. Polly está num beco sem saída e só pode ansiar por um tipo de salvação como aquele que aparece na canção: piratas chegarão ao porto, bombardearão a cidade, desembarcarão, prenderão as criaturas à sua volta e as porão amarradas diante dela. Depois, lhe perguntarão quem deverão executar. "E então vocês vão me ouvir dizer: Todos!" [*Und dann werden Sie mich sagen hören: Alle!*].

Desde bem jovem, Brecht punha muitas vezes música em seus poemas e os cantava, acompanhando-se ao violão. Para musicar os poemas da *Ópera de três centavos*, entretanto, contou com a colaboração inspirada do compositor Kurt Weill. O filósofo Ernst Bloch, comentando "Jenny dos piratas", observou que a cena da canção mistura um ambiente de alegre restaurante ordinário com algo do clima de uma solene catedral; e os temas jazzísticos jocosos combinam com um "ritmo em quatro tempos, que se transforma — tão facilmente! — em marcha fúnebre" (Bloch 1962, p.221-2).

O personagem Macheath, na peça, está disposto a progredir em seus negócios, passando de gângster a banqueiro. Numa cena inesquecível ele pergunta aos seus capangas: "O que é um torpedo, em comparação com uma ação ao portador? O que é assaltar um banco, em comparação com fundar um banco?" [*Was ist ein Dietrich gegen eine Aktie? Was ist ein Einbruch in eine Bank gegen die Gründung einer Bank?*]

A argumentação de Mac Navalha é retomada na "Canção de fundação do Banco Nacional de Depósitos" (GG, p.339): para fundar um banco

> precisa-se de capital inicial.
> Se a grana, porém, faltar,
> onde obtê-la sem roubar?
>
> *Man braucht Anfangskapital.*
> *Wenn die Gelder aber fehlen,*
> *Woher nehmen, wenn nicht stehlen?*

Recém-convertido ao marxismo, Brecht via no banqueiro o mestre do qual o gângster era um mero aprendiz. E, para confirmar sua impressão, olhava em volta e via os abomináveis bancos financiando o crescimento do partido nazista.

O protagonista de sua peça *A resistível ascensão de Arturo Ui*, uma caricatura de Adolf Hitler, declara com grande franqueza: "Quem tem o poder é quem paga" [*Die Macht hat stets, wer zahlt*].

Se o grande capital apoiava a força disposta a instalar um governo de repressão sistemática e metódico endurecimento, a oposição naturalmente precisava se organizar para viver tempos muito difíceis, e os comunistas não podiam deixar de se preparar para ásperos conflitos.

Com suas "peças educativas" (*Lehrstücke*), Brecht se empenhou em participar dessa preparação para a radicalização do conflito; queria fortalecer a consciência revolucionária dos trabalhadores politizados. E procurava ir, nesse movimento, às últimas conseqüências.

Num poema da peça *A decisão* (*Die Massnahme*), intitulado "Modifique o mundo: ele precisa" (*GG*, p.1144), o poeta chega a dizer que, se for preciso, o militante empenhado em transformar a sociedade deve estar disposto até a abraçar um facínora.

Alguns dos poemas incorporados às "peças educativas" (há quem prefira traduzir por "peças didáticas") deixam transparecer a receptividade de Brecht à sedução do modelo leninista de partido, altamente centralizado, verdadeira máquina de assalto ao aparelho do Estado. Há versos que encampam a mística do partido comunista, tais como:

> aquele que luta pelo comunismo
> tem, de todas as virtudes, uma:
> a de lutar pelo comunismo.
>
> *Wer für den Kommunismus kämpft*
> *Hat von allen Tugender nur eine:*
> *Dass er für den Kommunismus kämpft.*

A lealdade absoluta à causa, entretanto, abre caminho para o fanatismo, leva à obediência cega aos dirigentes partidários. E o poeta, de certo modo, parece dar-se conta disso, porque também manifesta outra tendência, que aponta na direção de uma recusa anárquica à submissão e a uma repulsa generalizada a todos os "amos". Na peça *Cabeças redondas e cabeças pontudas* (outra sátira ao nazismo), uma personagem entoa uma canção na qual diz:

Já tivemos muitos amos:
amos-tigres, amos-hienas,
nobres e porcos — dezenas! —
e a todos alimentamos.
Seus coturnos? Quem viu um
viu todos... Não comparamos.
Não queremos novos amos:
não queremos amo algum!

Ach, wir hatten viele Herren
Hatten Tiger und Hyänen
Hatten Adler, hatten Schweine
Doch wir nährten den und jenen.
Ob sie besser waren oder schlimmer:
Ach, der Stiefel glicht den Stiefel immer
Und uns trat er. Ihr versteht: Ich meine
Dass wir keine andern Herren brauchen,
sondern keine!

É interessante observar que nesse período que se inicia no final dos anos vinte, embora a poesia de Brecht acolha sempre expressões de apoio militante ao comunismo, o poeta continua evitando filiar-se ao partido. E a dimensão do autoquestionamento não é abandonada.

Uma nova tensão interna se acrescenta às que já haviam se manifestado: a preservação da capacidade de se interrogar devia conviver com a entrega crescente à convicção apaixonada do lutador.

Numa sociedade tão profundamente dilacerada por séculos de conflitos sociais (a luta de classes), era natural para Brecht que as pessoas também fossem divididas. O choque milenar de interesses vitais não se limitava a lançar grupos humanos uns contra os outros: contrapunha tendências antagônicas no interior de cada indivíduo.

O poeta mostra isso no final da peça *Santa Joana dos matadouros*, quando o coro comenta a trajetória da "heroína" Joana Dark, abnegada servidora do Exército da Salvação, e alude a uma conhecida passagem do *Fausto* de Goethe, que se refere à existência de "duas almas" no interior do nosso peito. Para Brecht, não podemos renunciar inteiramente ao nosso lado "de baixo", não podemos ficar apenas com o nosso lado "elevado": precisamos dos dois.

Duas almas moram
no teu peito humano,
nas entranhas tuas.
Evita o insano
esforço da escolha:
precisas das duas.
Pra ser *um*, amigo,
deves ter contigo
conflito incessante:
um lado elevado,
bonito, elegante;
o outro, enfezado
e sujo, aos molambos.
Precisas de ambos!

Mensch, es wohnen dir zwei Seelen
in der Brust!
Such nicht eine auszuwählen
Da du beide haben musst.
Bleibe stets mit dir im Streite!
Bleib der Eine stets Entzweite!
Halte die hohe, halte die niedere
Halte die hohe, halte die biedere
Halte sie beide!

Um pouco mais tarde, alguns anos depois, o tema da duplicidade necessária viria a ser retomado na peça

A alma boa de Se-Tsuan, quando a frágil Shen-Te é obrigada a criar um enérgico primo fictício (Shui-Ta) para tomar as duras medidas práticas que ela não consegue executar. Ela explica aos deuses que não enxergou outro modo de dar cumprimento à ordem deles, no sentido de ser boa e eficiente:

Vosso mandamento como um raio
me partiu em duas metades:
não consegui ser ao mesmo tempo
boa para mim mesma e para os outros.

Euer einstiger Befehl
Zeriss mich wie ein Blitz in zwei Hälften. Ich
Weiss nicht, wie es kam: Gut sein zu andern
Und zu mir konnte ich nicht zugleich.

O poeta estava familiarizado com o tema da cisão interior porque se achava ele próprio dividido: por um lado, punha lenha na fogueira da paixão revolucionária; por outro, tratava de temperá-la com a água fria da dúvida.

Tinha plena consciência de que, se não desconfiasse de si mesmo, se não desenvolvesse o espírito autocrítico, não conseguiria se renovar tanto quanto precisava. E sabia igualmente que, se não acreditasse em si mesmo, se não tivesse fé no que se dispunha a fazer, jamais alcançaria os resultados que precisava alcançar.

Chegou até a formular uma síntese dialética do crer e do descrer. No poema "Só acredite" (*GG*, p.373), de 1931, há três momentos: no primeiro, recomenda-se desconfiar dos outros; no segundo, desconfiar de si mesmo; no terceiro, desconfiar da própria desconfiança.

Só acredite no que os seus olhos vêem e os seus
ouvidos escutam.
Não acredite nem no que os seus olhos vêem e os
seus ouvidos escutam.
E fique sabendo que não acreditar, afinal, também
é acreditar!

Glaube nur an das, was deine Augen sehen und
deine Ohren hören.
Glaube auch nicht an das, was deine Augen sehen
und deine Ohren hören.
Wisse auch, dass etwas nicht glauben, doch etwas
glauben heisst!

É interessante, também, que em 1930, no auge do entusiasmo do seu "engajamento", o autor das contundentes "peças educativas" era capaz de se debruçar, auto-ironicamente, sobre suas próprias limitações. Em Le Lavandou, no sul da França, depois de visitar um local que na Idade Média havia sido povoado pelos mouros, o poeta registrou sua impressão num poema que o mostra muito consciente de sua finitude (*GG*, p.332):

Dessa muralha é que o antigo mouro
pensava, debruçado sobre o mar:
não demora muito ela vai chegar,
a morte vem, pra me tirar o couro.
Soube o mouro prever, soube acertar
(que ele morreu, não há quem o conteste).
Dessa muralha agora Bert Brecht
se debruça, pensando, sobre o mar.

Hier standen die alten Mauren
Und schauten aufs Meer hinaus
Und sagten, nun kann's nicht mehr lang dauern
Und dann ist's mit uns aus.
Und damit hatten die alten Mauren recht;

Dann jetzt ist's mit ihnen aus
Und da, wo sie standen, steht jetzt der Brecht
Und schaut aufs Meer hinaus.

A percepção da provisoriedade da sua existência individual o induzia a procurar o caminho de possíveis realizações perenes (ou ao menos duradouras) em articulação com os movimentos coletivos que lhe pareciam ter inspiração libertária e viabilidade política.

Sentia-se ética e esteticamente comprometido com os anseios e os protestos populares. Evitava idealizar a massa dos "de baixo". Não fechava os olhos para suas espertezas e malandragens, porém as encarava com indulgência e às vezes com franca simpatia. O juiz Azdak, da peça *O círculo de giz caucasiano* é uma evidência disso: saber aplicar alguns truques pode ser um bom exercício individual para se escapar à passividade e poder agir contra a opressão.

Mas a ação eficaz no combate aos opressores exige mais do que a esperteza individual, ela precisa de uma mobilização coletiva que só o arrebatamento das certezas consegue produzir.

Coerente com essa convicção, o poeta apresenta a dialética num de seus poemas — o "Elogio da dialética" (*GG*, p.467) — como uma impulsionadora segura das transformações necessárias. E assegura, em tom confiante:

Os vencidos de hoje são os vencedores de amanhã
e o "nunca" se tornará "hoje mesmo"!

Die Besiegten von heute sind die Sieger von morgen
Und aus Niemals wird: Heute noch!

Mas o ânimo do poeta combatente estava para sofrer um rude golpe. Em janeiro de 1933 Hitler se tornou primeiro-ministro da Alemanha, os nazistas assumiram o poder e desencadearam uma colossal onda de repressão que forçou milhares de cidadãos a saírem do país.

De uma hora para outra, a vida sofreu uma mudança drástica. Um novo período começou na vida de Brecht: o dos anos de exílio.

3

As angústias do exílio. As dúvidas do militante.

Era uma época deprimente. Os que a viveram deixaram sobre ela depoimentos dolorosos. Brecht se dava conta de que o exilado é sempre um ser que incomoda. Com sua simples presença, mesmo sem agir ou falar, o exilado torna visível um problema grave, uma situação desagradável que as pessoas não têm nenhum prazer em enxergar.

Além de estrangeiro, "diferente", o exilado é um derrotado e como tal carece daquela espécie de beleza que costuma ser apanágio dos vitoriosos. Brecht escreveu (*GG*, p.743):

> Sei: só quem é feliz
> é amado. Sua voz
> é ouvida com prazer. Seu rosto é belo.
>
> *Ich weiss doch: nur der Glückliche*
> *ist beliebt. Seine Stimme*
> *hört man gern. Sein Gesicht ist schön.*

Muitos escritores alemães passaram pelo dissabor de morar como trânsfugas em países estrangeiros. Eram obrigados a depender de favores; deviam se servir de uma língua que não era a deles e que normalmente não dominavam. Dependiam de tradutores que nem sempre estavam disponíveis e às vezes não eram inteiramente confiáveis. Dirigiam-se a um público leitor com o qual não tinham intimidade, a pessoas que tinham outros hábitos, outras inclinações, outro quadro de referências culturais.

A cada dia, esses escritores arrancados do solo onde haviam "brotado" experimentavam novas espécies de angústia, novos tipos de incerteza. Sofriam múltiplas pressões. Vários morreram. Alguns se suicidaram, como Walter Benjamin, Stefan Zweig ou Klaus Mann.

Brecht sobreviveu. Durante quinze anos foi — como dizia — "Embaixador da Desgraça" em terra estranha. Em alguns períodos, mudava mais freqüentemente de país do que de sapatos. Levava uma vida belicosa. "Comia no intervalo das batalhas, / dormia deitado no meio de assassinos, / fazia amor desatentamente / e olhava a natureza sem paciência" [*Mein Essen ass ich zwischen den Schlachten /Schlafen legte ich mich unter die Mörder / Der Liebe pflegte ich achtlos / Und die Natur sah ich ohne Geduld*] (*GG*, p.724).

Para exorcizar o desespero era imprescindível reavivar a combatividade. A poesia também era um campo de batalha, os versos também podiam ser armas. O poeta fazia da literatura a sua trincheira. Exatamente porque as circunstâncias eram, de fato, desanimadoras, era preciso reanimar os combatentes e esse esforço de reanimação passava pelo empenho político da arte. Nesse período, mais do que em qualquer outro, sua obra confirma a observação de Marianne Kesting:

"Quase não se encontra em Brecht uma linha sequer que não seja política" (Kesting 1986, p.79).

As notícias que chegavam da Alemanha eram terríveis; eram informações de companheiros presos, fuzilados. Vinham também dados preocupantes a respeito de escritores e artistas que pareciam se resignar ou até mesmo conciliar com o regime.

Brecht se preocupava com a posição de Karl Kraus, importante ensaísta austríaco, que andava dizendo coisas que talvez indicassem tendências capitulacionistas. Escreveu, então, um poema no qual tentava refletir sobre as possíveis razões de Kraus, dando-lhes uma réplica. Admitiu que "a injustiça pode vencer, embora isso seja injustiça" [*Das Unrecht kann siegen, obwohl es das Unrecht ist*]. E descreveu a situação de 1934 em termos sombrios, mas não desesperados (*GG*, p.503):

> A opressão se senta à mesa e ataca a refeição
> com mãos ensangüentadas,
> mas aqueles de quem a comida foi roubada
> não esquecem a sensação do pão na boca. E a fome
> deles não desaparece
> quando a palavra "fome" é proibida.
>
> *Die Unterdrückung setzt sich zu Tisch und greift*
> *nach dem Mahl*
> *Mit den blütigen Händen.*
> *Aber die das Essen heranschleppen*
> *Vergessen nicht das Gewicht der Brote; und ihr*
> *Hunger bohrt noch*
> *Wenn das Wort Hunger verboten ist.*

Era importante, naqueles anos, restabelecer a autoconfiança dos oprimidos e mobilizá-los para a resistência ativa à maré montante do nazifascismo.

Brecht se sentia especialmente próximo dos comunistas, de quem esperava uma firmeza ainda maior do que aquela que eles já vinham demonstrando. Sabendo que os revolucionários também eram seres humanos falíveis, e temendo que alguns fraquejassem, dirigiu-se a eles no poema "Aos vacilantes" (*GG*, p.678), lembrando ao militante que o destino da causa por ele defendida não estava antecipadamente decidido e dependia do desempenho de lutadores como ele:

O que está errado, agora, no nosso discurso?
Alguma coisa? Ou tudo?
Com quem ainda podemos contar?
Somos restos da correnteza viva
que o rio depositou em suas margens?
Ficaremos para trás, sem entendermos,
sem sermos entendidos por ninguém?
Precisamos ter sorte?
Isso é o que perguntas. Não esperes
resposta a não ser de ti mesmo.

Was ist jetzt falsch von dem, was wir
gesagt haben?
Einiges oder alles?
Auf wen rechnen wir noch?
Sind wir übriggebliebene, herausgeschleudert
Aus dem lebendigen Fluss? Werden wir
zurückbleiben?
Keinen mehr verstehend und von keinem verstanden?
Müssen wir Glück haben?
So fragst du. Erwarte
Keine andere Antwort als die deine.

A apaixonada disposição com que Brecht mobilizava sua criação poética para pô-la a serviço da ação política, da intervenção nos acontecimentos, excluía a "segurança psicológica" proporcionada por uma concepção rigidamente determinista da história.

Para que o lutador pudesse acreditar que o desenrolar da luta de algum modo dependia dele e de outros indivíduos iguais a ele, era necessário que o curso do combate não fosse encarado como um caminho predeterminado por forças que já o haviam decidido, no plano de uma dinâmica socioeconômica à qual os sujeitos individuais não tinham acesso.

Se a revolução, afinal, dependia das iniciativas, da coragem e da atividade lúcida dos sujeitos revolucionários individualmente considerados, então eles não deveriam crer num movimento objetivo inexorável. Não deveriam, igualmente, achar que suas opções pessoais seriam historicamente irrelevantes; e não deveriam nunca supor que uma organização, uma coletividade ou um partido resolveriam por eles, substituindo-os, os problemas que em cada período precisavam ser resolvidos.

Essa convicção coexiste, em Brecht, com a disposição para dar todo o apoio possível à ação concatenada dos homens que se unem e se organizam, quer dizer, à ação do partido comunista, que ele vê como um instrumento essencial na luta de classes, nas condições da história contemporânea. Não se trata, obviamente, de uma coexistência inteiramente pacífica, já que os dois pólos mantêm uma relação tensa. Mas o que importa assinalar é que, paralelamente à propaganda do partido ("O indivíduo tem dois olhos, / o partido tem mil olhos"... "o indivíduo pode ser aniquilado, / o partido não pode ser aniquilado", (*GG*, p.464), persiste em Brecht a percepção de que há coisas historicamente essenciais que dependem das pessoas.

Mesmo numa de suas últimas peças, *Os dias da Comuna*, cuja ação está situada em Paris, em 1871, há um momento em que o personagem Langevin adverte seus companheiros para não atribuírem à organização um poder que só pode brotar deles mesmos: "Não esperem mais da Comuna do que de vocês mesmos" [*Erwartet nicht mehr von der Commune als von euch selber*].

Essa maneira de ver tinha como conseqüência uma maior exigência de autocrítica entre os revolucionários. Por mais generosa que fosse a sua inspiração, por mais sinceros que fossem seus desígnios, o lutador não tinha garantia alguma contra erros e não podia desfrutar de nenhuma proteção contra frustrações pessoais.

Mergulhado num "tempo sombrio", o combatente não poderia se beneficiar da luminosidade de certezas inabaláveis; a unidade interior monolítica não estava ao seu alcance. Ao revolucionário não seriam poupadas tristezas privadas e dilacerações íntimas.

Brecht se orgulhava de ter tomado partido pela revolta contra a injustiça, porém reconhecia que os gritos de um protesto, ainda que legítimo, também enrouquecem a voz. Por isso, dirigindo-se "Aos que ainda vão nascer" (GG, p.722-5), na expectativa de que eles viveriam num mundo mais humano, pediu-lhes que pensassem nele e em seus companheiros com indulgência:

> Vocês que vão emergir da onda
> em que nós nos afogamos

> (...) pensem em nós
> com indulgência.
>
> *Ihr, die ihr auftauchen werden aus der Flut*
> *In der wir untergegangen sind*
> *(...) Gedenkt unsrer Mit Nachsicht.*

Não sentia comiseração por si mesmo, não cultivava a autopiedade. Procurava olhar para as suas contradições internas com a mesma objetividade e falar delas com a mesma rude franqueza com que falava das contradições sociais.

Alguns anos antes, no período anterior ao do exílio, na peça *Um homem é um homem*, já havia mostrado como um ser humano podia ser desmontado e remontado de acordo com uma função que outros seres humanos lhe atribuíam.

No final dos anos trinta, entretanto, debruçado sobre si mesmo, empenhado em analisar a partir da sua própria experiência o processo da construção de um ser humano, concentrava sua atenção na contraditoriedade de um movimento pelo qual os sujeitos individuais são feitos e simultaneamente *se fazem.*

Comentando esse movimento, escreveu (*GG*, p.770):

> Assim se faz o homem:
> dizendo sim e dizendo não,
> batendo e apanhando,
> unindo-se a uns aqui, a outros acolá.
> Assim se faz o homem: transformando-se;
> assim se forma em nós a sua imagem,
> igual à nossa e no entanto diversa.
>
> *So bildet sich der Mensch:*
> *Indem er ja sagt, indem er nein sagt,*

Indem er schlägt, indem er geschlagen wird,
Indem er sich hier gesellt, indem er sich dort
gesellt,
So bildet sich der Mensch, indem er sich ändert
Und so entsteht sein Bild in uns
Indem er uns gleicht und indem er uns nicht
gleicht.

Mesmo que as pressões externas sejam, com freqüência, quase irresistíveis, o sujeito humano que se torna adulto e toma consciência da sua subjetividade é alguém que toma decisões, que faz escolhas. E é o elenco das respostas que vai dando às questões que a vida lhe apresenta que determina a sua identidade, quer dizer, o seu modo peculiar de se inserir no movimento do mundo.

O social, portanto, não atenua o individual. E o individual pressupõe — decisivamente! — o social. Brecht permanece atento para o fato de que a assimilação de valores por parte do indivíduo só funciona se os valores assimilados corresponderem à condição social que o indivíduo está disposto a assumir (e tem como assumir na prática).

Num poeminha daquela época (*GG*, p.780), o poeta aborda esse tema:

De fato, se fôssemos reis, agiríamos
como reis. Contudo, agindo como reis,
agiríamos diferentemente de nós.

Freilich würden wir, wenn wir Könige wären
Handeln wie Könige, aber indem wir wie Könige handelten
Würden wir anders handeln als wir.

Um dos desafios com que o sujeito individual se defronta consiste em optar por assumir ou recusar os valores da classe social em que se vê inserido. Caso decida deslocar-se do ângulo da sua classe de origem para aderir ao ponto de vista de outra classe social, inevitavelmente estará se defrontando com uma situação extremamente complicada. Brecht sabia disso. E no início de um poema de 1938 não hesita em se classificar como "traidor da sua classe" (*GG*, p.721).

Além de se sentir desenraizado, arrancado de seu país e do convívio com seus leitores "naturais", portanto, Brecht e seus companheiros alemães exilados que simpatizavam com o comunismo enfrentavam essa outra fonte de inquietações: o ajuste de contas com critérios e ideais burgueses que lhes haviam sido inculcados ao longo de muitos anos.

O poeta não queria se iludir a respeito da complexidade dos problemas com que lidava. Estava atento para o fato de que o receio da autodescaracterização e o medo da perda da identidade assustavam os intelectuais de esquerda exilados. E podiam induzi-los a alimentar ilusões compensatórias.

Para os alemães antinazistas refugiados no exterior, uma dessas ilusões era a de que, passada a tempestade que os havia expelido da pátria, eles regressariam aos lugares que haviam deixado e os encontrariam tais como eram, de modo que suas vidas voltariam ao "normal".

Brecht sabia que isso não aconteceria e temia que os amigos viessem a pagar caro por essa expectativa, quando a hora da verdade chegasse e o retorno ao que sobrava da Alemanha lhes impusesse uma amarga frustração. Para o poeta estava claro que, mesmo o que não tivesse sido destruído, mesmo o que não estivesse em ruína, teria se tornado muito diferente da recordação que todos tinham do país que haviam deixado. Por isso, em outro poeminha, evocou a experiência de Ulisses, o herói homérico da Odisséia, que passou vinte anos longe de casa (*GG*, p.563):

> Já do navio viste a tua
> casa. Com gente, inda habitada.
> Depois, pensaste: só a lua
> ficou, aqui, inalterada.
>
> *Dies ist das Dach. Die erste Sorge weicht*
> *Denn aus dem Haus steigt Rauch: es ist bewohnt.*
> *Sie dachten auf dem Schiffe schon: vielleicht*
> *Ist unverändert hier nur mehr der Mond.*

O poeta alemão do século XX tinha clara consciência do quanto sua situação era diferente da do herói grego, rei de Ítaca. O que contava para Brecht era a longa viagem de volta, o regresso que deveria ser vivido com serenidade.

Essa serenidade ainda era mais necessária aos exilados contemporâneos do que aos personagens de Homero, já que o mundo dos antigos gregos era, afinal, um mundo iluminado pelos deuses, ao passo que o mundo atual estava cheio de sombras, escapava aos projetos humanos e parecia ser — como escreveu Lukács na *Teoria do romance* — um mundo "abandonado pelos deuses" (Lukács 1971).

Desunidos, inseguros, solitários e perplexos, os seres humanos do nosso tempo precisam aprender a lidar com as dificuldades que se multiplicam à sua volta; cabe-lhes agir com prudência, mover-se com infinitos cuidados.

A construção do conhecimento pode acarretar transtornos; a busca da verdade pode provocar reações intolerantes, truculentas. Por isso, o poeta recomendava (*GG*, p.569):

Como o ladrão esperto
que de noite espia
com dificuldade
se tem polícia por perto,
assim deveria
mover-se aquele que busca a verdade.
E deveria como algo roubado,
em perigo,
trazer com cuidado
a verdade consigo.

Wie der Einbrecher
In der mondlosen Nacht, der sich umsieht
Ob da kein Polizist geht
So bewegt sich derjenige
Der hinter der Wahrheit her ist.
Und wie etwas Gestohlenes
Die Schulter in Furcht
Dass sich eine Hand darauf lege
Trägt er die Wahrheit weg.

Mesmo os militantes comunistas, de quem o poeta esperava combatividade e firmeza, deveriam evitar a postura de "donos da verdade". Nas circunstâncias em que atuavam, cabia-lhes confessar aos outros o que *não* sabiam, sem lhes dar a impressão de que confiavam excessivamente em seus conhecimentos.

Numa das suas *Histórias de calendário*, Brecht dá a palavra ao seu "alter ego", sr. Keuner, e o divertido personagem propõe aos companheiros comunistas que adotem uma postura menos dogmática e mais dialógica: "Tenho notado que muita gente se afasta das nossas teorias por termos respostas para todas as questões. No interesse da nossa propaganda, não poderíamos fazer uma lista das questões que reconhecemos estarem longe de ser resolvidas?" (*Kalendergeschichten*).

Brecht se preocupava com os comunistas. Em alguns momentos, ele expressava suas inquietações em face das coisas que, no campo do comunismo, não lhe pareciam estar caminhando bem. Em conversa com seu amigo Walter Benjamin, falou da sua apreensão a respeito da ditadura sobre o proletariado, que na União Soviética teria substituído a ditadura do proletariado (Benjamin 1966).

Em 1931, havia conhecido em Berlim o escritor soviético Sergei Tretiákov, de quem se tornou amigo. Na Dinamarca, alguns anos depois, soube que Tretiákov — comunista convicto e sincero — tinha sido condenado à morte como traidor por um tribunal bolchevique (e logo fora executado). Indagou, num poema: "O povo é infalível?" [*Ist das Volk unfehlbar*?]. Nas várias estrofes, falava da gravidade das acusações formuladas contra seu "mestre e amigo", porém terminava sempre com um verso interrogativo: "E se ele for inocente?" [*Gesetzt, er ist unschuldig*?] (*GG*, p.741).

Desde que descobrira a riqueza teórica de Marx, no final dos anos vinte, Brecht se esforçava para aproveitar as armas proporcionadas pelo autor d'*O capital* na crítica desmistificadora à sociedade burguesa. Mas, como observou o crítico Paolo Chiarini, "Brecht jamais acreditou fideisticamente no marxismo, num ímpeto de entusiasmo; como artesão esperto e desconfiado que era, percebeu ter encontrado nele um instrumento capaz de penetrar, mais do que qualquer outro, na trama do mundo moderno, nas relações humanas, na substância da civilização" (Chiarini 1954, p.32).

Outro crítico italiano, Cesare Cases, notou que a própria concepção de dialética, na perspectiva do poeta alemão, escapava à rigidez do tratamento que lhe dava o "marxismo oficial". Para Brecht, realmente, a dialética "sempre abriu espaço para a reserva, a ironia e o estranhamento" (Cases 1963). O poeta assegurava que ninguém poderia compreender a dialética de Hegel se não tivesse senso de humor. E, como já dizia Lenin, sem a dialética de Hegel não era possível entender Marx.

Essa maneira de "ler" Marx por conta própria lhe permitia, também, interessar-se pelas idéias de marxistas independentes, que refletiam com desenvoltura sobre o pensamento do autor dos *Manuscritos de 1844*. Entre eles, além do amigo Benjamin, achavam-se Karl Korsch e Fritz Sternberg. Sabe-se também que, embora discordasse das posições de Trotsky, tratou de ler seus escritos, sem se deixar intimidar pela "excomunhão" que o estigmatizou (e que precedeu seu assassinato).

Acompanhava com viva curiosidade as discussões sobre as implicações do marxismo na esfera da estética. Irritavam-no algumas concepções do filósofo marxista húngaro Georg Lukács, que não apreciava suas obras do período anterior ao exílio e com quem Brecht teve, em mais de uma ocasião, o ímpeto de polemizar.

Outros intelectuais de inspiração marxista que causavam irritação ao poeta eram os alemães exilados Theodor Wiesengrund Adorno e Max Horkheimer, os pensadores "clássicos" da chamada "Escola de Frankfurt". Não apreciava suas construções teóricas hipersofisticadas e chegou a pensar em utilizá-los como modelo para um romance satírico que não escreveu: o romance dos TUI (Telect-Ua-Is), cérebros especulativos capazes de obscurecer teorias revolucionárias, distanciando-as da ação.

Para Brecht, como para Benjamin, a inspiração essencial de Marx exigia que a elaboração teórica, em algum momento do seu desenvolvimento, se inserisse energicamente na prática, mesmo que precisasse se simplificar e se tornar mais rude nessa inserção. Nas *Histórias de calendário*, o sr. Keuner, há pouco citado, ensina: "O pensamento não precisa de luz demais, de pão demais, nem de pensamento demais."

Brecht e Benjamin chamavam de "plumpes Denken" esse encontro com a ação, no qual, para poder ser aplicado, o pensamento renuncia a sutilezas e complexidades. Embora não aceitassem o esquematismo empobrecedor do "marxismo soviético", os dois amigos, convencidos da necessidade do "plumpes Denken", de algum modo se predispunham a "engolir" aspectos deploráveis da União Soviética, concedendo-lhe o benefício da dúvida: achando que talvez o Estado criado na esteira da revolução leninista tivesse um papel decisivo a desempenhar na transformação prática do mundo, na história política do século XX.

Essa inclinação à benevolência em face da União Soviética se tornava mais forte à medida que ela aparecia como principal barreira contraposta à ofensiva do nazifascismo.

Quando a guerra começou, em 1939, a contraposição entre os comunistas e os nazistas ficou um tanto obscurecida pelo Pacto Ribbentrop-Molotov, o acordo que facilitou para Hitler a invasão da Polônia e permitiu às tropas de Stalin impor alterações nas fronteiras da União Soviética com a Finlândia e com a Polônia. O entendimento com o "Terceiro Reich" criou constrangimento para muitos intelectuais de esquerda no mundo inteiro.

No entanto, em 1941, a invasão da União Soviética pelas tropas alemãs confirmou em Brecht sua convicção de que a grande força capaz de se contrapor eficazmente à barbárie nazista era o Estado dirigido por Stalin.

A contraposição essencial voltava a ser nítida.

4

A Segunda Guerra Mundial. A dialética da paciência e da impaciência.

O pacifismo de Brecht e seu antimilitarismo tornam facilmente compreensível sua disposição para opor-se àqueles que desencadearam a guerra. Sua simpatia pelo comunismo e seu apoio à União Soviética explicam sua solidariedade ao exército vermelho nos conflitos com o nazifascismo. Mas talvez deva acrescentar ainda um fator pessoal à fúria das suas invectivas contra Hitler e sua equipe de malfeitores: afinal, haviam sido eles os responsáveis pela expulsão do poeta e dos seus melhores amigos da terra onde haviam nascido.

Brecht odiava Hitler; com freqüência, evitava dizer seu nome e se referia a ele como "o pintor de paredes" [*der Anstreicher*], aludindo ironicamente às veleidades artísticas do ditador, autor de alguns quadros medíocres. Não esperou a guerra para atacá-lo. Caricaturou-o em *Arturo Ui*. Ridicularizou-o como o sórdido Angelo Iberin de *Cabeças redondas e cabeças pontudas*. Pôs no palco cenas dramaticamente inesquecíveis, denunciando a situação criada por ele na Alemanha (em *Terror e miséria do Terceiro Reich*).

Pressentindo a conflagração mundial que o belicismo nazista não deixaria de provocar, o poeta procurava arregimentar, em todos os níveis, todas as consciências para a resistência.

Até nos divertidos poemas que escrevia para crianças, atacava o inimigo (*GG*, p.511):

> Em Hitler tem algo, penso,
> que é muito estranho, obsceno:
> um bigode tão pequeno
> num focinho tão imenso.

> *Adolf Hitler, dem sein Bart*
> *Ist von ganz besondrer Art.*
> *Kinder, da ist etwas faul:*
> *Ein so kleiner Bart und ein so grosses Maul.*

Cuidava de analisar os mínimos gestos dos detentores do poder. Atribuía às suas ações aparentemente mais banais, muitas vezes, um significado diretamente político. Não acreditava em atos espontâneos inocentes praticados pelos privilegiados: tudo que os "de cima" faziam estava sob suspeita: contribuía para oprimir os "de baixo". Até inconscientemente os governantes mostravam o sentido classista do seu governo.

Daniel Frey chama a atenção para um poema que promove uma politização direta de uma cena quotidiana, o banho de banheira de um ministro de Estado na Alemanha (*GG*, p.759):

> O Ministro na banheira não se cansa
> de pressionar para baixo, na água, com a mão
> sua escova de madeira.
> Na brincadeira de criança,
> oculta-se uma significação séria, verdadeira.

Der Kabinettminister liegt in der Badewanne.
Er versucht mit der Hand
Die holzrückige Bürste unter den Wasserspiegel
zu drücken.
Im kindlichen Spiel
Verbirgt sich ein Ernst.

O crítico suíço observa que a expressão usada em alemão para designar "pressionar para baixo, na água" [*unter den Wasserspiegel...drücken*] lembra "oprimir" [*unterdrücken*]. O que reforça, pela via da linguagem conotativa da poesia, a idéia que Brecht quer passar ao leitor de uma ligação entre o banho lúdico do ministro e sua condição de representante de uma classe opressora (Frey 1987, p.111).

Com o início da guerra, mudou o tom dos versos. Diminuiu a irreverência e a irritação sarcástica cedeu espaço a um timbre mais grave. Tornou-se freqüente a forma concisa, epigramática, com ressonâncias trágicas. O poeta escreveu diversos poemas em estilo lapidar (etimologicamente: o estilo adequado a uma lápide, a uma inscrição em pedra, feita para ser posta sobre um túmulo).

Um dos poemas daquele instante se intitulava, precisamente, "Inscrição no túmulo de um soldado de Hitler" (GG, p.758):

Papai, você deixou que eu me alistasse
Mamãe, podias ter me protegido
Irmão, não tive quem me aconselhasse
Irmã, ninguém me havia prevenido!

Vater, du liessest mich zu den Soldaten
Mutter, du hast mich nicht versteckt
Bruder, du hast mir falsch geraten
Schwester, du hast mich nicht aufgeweckt!

Mesmo quando um toque de humor irrompia, ele soava amargo, como se percebe na peça *Schweyk na Segunda Guerra Mundial*:

É o tambor que vai adiante,
os carneiros em seguida;
os carneiros dão a vida
pelo desfile brilhante,
e fazem mais um favor:
dão o couro pro tambor.

Hinter der Trommel her
Trotten die Kälber,
Das Fell für die Trommel
Liefern sie selber.

O recado precisava ser sucinto, as sutilezas não deveriam prejudicar a rápida inteligibilidade. Talvez o estilo lapidar tenha alcançado sua maior depuração no poema "É noite" (*GG*, p.735), quando o poeta anuncia em poucas — pouquíssimas! — palavras a orfandade dos que ainda vão ser engendrados em solo alemão:

É noite.
Os casais
vão juntos para a cama. As mulheres jovens
vão parir órfãos.

Es ist Nacht
Die Ehepaare
Legen sich in die Betten. Die jungen Frauen
Werden Waisen gebären.

Após a invasão da União Soviética pelas tropas alemãs, animado com a resistência do exército vermelho, o poeta passou a temperar sua tristeza elegíaca com alguns elementos de uma sombria epopéia. Sua longa "Canção da mulher do soldado nazista" (*GG*, p.1215-6) fez um imenso sucesso.

É um texto de estrutura simples, de fácil acesso, mensagem clara. O soldado vai enviando para a mulher presentes que vão assinalando as etapas da expansão militar hitleriana: Praga, Varsóvia, Oslo, Roterdã, Bruxelas, Paris... Até a estrofe final, em que o poeta se pergunta o que a mulher do soldado recebeu da "longínqua Rússia" e logo responde: ela recebeu "o véu de viúva / para o funeral" [*den Witwenschleier / zu der Totenfeier*].

Ao longo da guerra, outros poemas de Brecht dão testemunho das esperanças que ele depositava no exército vermelho. Essas esperanças, diga-se de passagem, eram partilhadas por muita gente, no mundo inteiro. Aqui mesmo, no Brasil, o poeta Carlos Drummond de Andrade as encampou, saudando em belos poemas os soldados russos que resistiram ao cerco de Stalingrado e os que tomaram Berlim.

Diversos intelectuais comunistas ou simpatizantes do comunismo encaravam com otimismo a possibilidade de que a intensa mobilização da sociedade soviética na luta contra o invasor alemão resultasse no desenvolvimento de uma pressão interna capaz de promover certa democratização do Estado. Em suas memórias, o comunista austríaco Ernst Fischer conta que o comunista italiano Palmiro Togliatti manifestou essa convicção, em conversa com ele, exaltando a democracia.

Por outro lado, numerosos homens de esquerda tendiam a achar que a derrota do nazifascismo e a vitória da coalizão dos "aliados" abririam caminho para uma nova era, menos tumultuada, na história da humanidade.

Brecht provavelmente gostaria de acreditar nisso, mas, vivendo nos Estados Unidos como exilado, observava a sociedade norte-americana e era levado a prever que, tal como sairia da guerra, ela preservaria mecanismos preocupantes de opressão e exploração.

O que via à sua volta não lhe agradava. As instituições liberais lhe pareciam impróprias para assegurar liberdades concretas para os trabalhadores e coniventes com a disseminação de uma tendência à passividade e ao conformismo entre os cidadãos. Nos Estados Unidos — falava — havia muito desenvolvimento, mas não havia seres humanos se desenvolvendo (*Arbeitsjournal*, vol.1, p.361).

Sua experiência pessoal no país também não era animadora. Em Santa Monica, em Hollywood, sentia-se "mais isolado do mundo do que quando se achava no interior da Finlândia", foragido. Escrevia roteiros para filmes que acabavam não sendo feitos (o único que foi filmado, *Os carrascos também morrem*, dirigido por Fritz Lang, era sobre a execução do nazista Heydrich). No poema "Hollywood" (*GG*, p.848), diz que comparecia regularmente, como vendedor, ao "mercado onde se vendem mentiras".

Para consolar-se das suas frustrações, tinha a conversa com o compositor Hanns Eisler e o escritor Lion Feuchtwanger, com o pintor Georg Grosz e o ator Peter Lorre (sintomaticamente, todos alemães). Um dos poucos amigos norte-americanos que tinha era o ator Charles Laughton, que viveu no palco o protagonista da sua peça *A vida de Galileu.* Num poema bem-humorado (*GG*, p.875), elogiou a barriga de Laughton, "feita de boa comida":

Outros escondem a barriga,
como se ela fosse roubada, vergonhosa;
o grande Charles Laughton exibe a sua como amiga,
deixa que ela se mostre, orgulhosa,
como um poema.

Sie alle verschleppen ihre Bäuche
Als wäre es Raubgut, als würde gefahndet danach
Aber der grosse Laughton trug ihn vor wie ein Gedicht
Zu seiner Erbauung und niemandes Ungemach.

Os raros momentos de distensão eram imprescindíveis para resistir à inevitável melancolia. À medida que a guerra ia se aproximando do final, impunha-se ao poeta alemão a dolorosa constatação de que seu país — que ele ansiava por ver derrotado — sairia do conflito inteiramente destroçado.

Imaginando seu retorno a Augsburgo, via-a em chamas, destruída pelos incêndios que precediam a volta do "filho pródigo" (*GG*, p.858):

Minha cidade natal, como vai me receber?
Antes de mim vieram as bombas. Esquadrilhas
mortíferas
anunciam meu retorno. Incêndios
precedem o filho.

Die Vaterstadt, wie empfängt sie mich wohl?
Vor mir kommen die Bomber. Tödliche
Schwärme
Melden euch meine Rückkehr. Feuerbrünste
Gehen dem Sohn voraus.

Mais uma vez, o poeta se defrontava com um quadro contraditório, tanto em sua história pessoal de alemão e militante político empenhado na luta pela derrota da Alemanha como na história social e política dos povos envolvidos na conflagração. Os acordos firmados entre Stalin e os líderes ocidentais da ação militar contra o nazismo indicavam que o final da guerra não promoveria as mudanças ardentemente desejadas pelo revolucionário marxista. Brecht percebeu que seu sonho de uma transformação radical nas relações de produção e nas instituições políticas não poderia se realizar, na situação que se criaria no imediato pós-guerra.

Sentiu-se desafiado a refletir com maior profundidade sobre os tempos de germinação do *novo.* E admitiu (*GG*, p.856):

> As novas épocas não começam de repente.
> Meu avô já vivia num tempo novo,
> meu neto com certeza ainda vai viver no antigo.
> A carne nova é comida com os velhos garfos.
>
> *Die neuen Zeitalter beginnen nicht auf einmal.*
> *Mein Grossvater lebte schon in der neuen Zeit*
> *Mein Enkel wird wohl noch in der alten leben.*
> *Das neue Fleisch wird mit den alten Gabeln gegessen.*

O poeta se dava conta de que a história tem, de fato, tempos múltiplos. Como ensinava um autor que ele admirava, o criador de Dom Quixote, "no todos los tiempos son unos, ni corren de una misma suerte" (Cervantes).

As transformações se fazem em tempos diversos. Há mudanças que só podem se realizar, realmente, na escala dos séculos. Outras precisam se realizar em ritmos acelerados, para não correrem o risco de se deixar neutralizar.

Ao revolucionário, então, cabia aprender a compatibilizar paciência e impaciência. Para poder incentivar o nascimento do novo deveria saber enxergá-lo onde ele efetivamente estava e encaminhá-lo por onde ele verdadeiramente podia avançar.

Brecht, leitor atento de Hegel (perto de quem viria a ser enterrado, em Berlim), era — convém lembrar sempre — um mestre na dialética. Para ele, a possibilidade de engendrar o novo e compreendê-lo dependia da capacidade de o sujeito humano, em sua ação, conferir-lhe um *sentido*, uma *razão*. Essa razão, por sua vez, não poderia jamais preexistir à intervenção inovadora dos homens, isto é, não poderia presumir-se acabada, completa, inquestionável. Ao contrário, deveria ser necessariamente uma razão autoquestionadora, sempre disposta a se repensar, a se reformular, aprendendo constantemente com a história, na qual se manifesta e se realiza.

A interdependência dialética de razão e história exige que ambas mantenham uma relação viva, com a história empenhada em se compreender melhor por meio da razão e a razão empenhada em se corrigir de seu subjetivismo, de sua abstratividade especulativa, concretizando-se na história.

Se a história fosse a derivação de uma razão preexistente, seu movimento seguiria um curso predeterminado, e nele não haveria espaço para a presença inventiva, surpreendente, fecundamente perturbadora, dos sujeitos humanos. Os homens seriam meras marionetes.

Por outro lado, se a razão fosse apenas o registro passivo *a posteriori* do movimento da história, esse registro não passaria de uma construção mais ou menos inócua, incapaz de incitar os seres humanos a tomarem iniciativas, a se empenharem em imprimir uma racionalidade genuinamente humana às mudanças (que, afinal, se realizariam sem eles). O movimento da história ficaria entregue a uma "racionalidade" — ou "irracionalidade"? — que, por princípio, sempre nos seria estranha.

Ao longo da elaboração da sua obra, tanto no teatro como na poesia, Brecht se debruçou, com freqüência, sobre essa questão. Buscou apaixonadamente uma compreensão da história que lhe permitisse articular o reconhecimento da necessidade com a preservação do espaço da liberdade, sem escorregar para o jogo ingênuo da contraposição mecânica de uma à outra, um jogo que acaba sempre por anular um dos dois pólos em detrimento do outro.

Talvez a melhor síntese que o poeta chegou a formular a respeito desse tema se ache no poema "Tudo se transforma" (*GG*, p.888). É um poema de estrutura circular: os versos que aparecem na primeira metade reaparecem, repetidos, na segunda. O movimento circular paga o devido tributo à necessidade. No entanto, a ordem dos versos, na repetição, é alterada e o sentido do que está sendo dito se modifica, abrindo espaço para o movimento do novo e para a liberdade:

> Tudo se transforma. Recomeçar
> é possível mesmo no último suspiro.

Mas o que aconteceu, aconteceu. E a água
que puseste no teu vinho não pode
mais ser retirada.
O que aconteceu, aconteceu. A água
que puseste no teu vinho não pode
mais ser retirada. Porém
tudo se transforma. E recomeçar
é possível mesmo no último suspiro.

Alles wandelt sich. Neu beginnen
Kannst du mit dem letzten Atemzug.
Aber was geschehen, ist geschehen. Und das Wasser
Das du in den Wein gossest, kannst du
Nicht mehr herausschütten.
Was geschehen, ist geschehen. Das Wasser
Das du in den Wein gossest, kannst du
Nicht mehr herausschütten, aber
Alles wandelt sich. Neu beginnen
Kannst du mit dem letzten Atemzug.

Da constatação de que "tudo se transforma", o poema chegava à conclusão de que nós, afinal, podemos transformar a própria transformação. Não estamos presos a nenhuma engrenagem.

A história que estava se fazendo e que viria a se fazer nos anos seguintes não obedecia a nenhum esquema explicativo doutrinário e não parecia se submeter a nenhuma "fatalidade". O "Terceiro Reich" que segundo Hitler deveria durar mil anos acabou durando treze. A paz que se previa duradoura cedeu lugar rapidamente à "guerra fria", que opunha dois grupos de Estados: um liderado pela União Soviética, outro pelos Estados Unidos.

O refugiado Brecht foi intimado a depor diante do comitê de investigação de atividades antiamericanas, criado pelo Senado dos Estados Unidos. Fizeram-lhe várias perguntas a respeito de suas convicções comunistas e ele lhes deu respostas espertas e irônicas. Esclareceu que não era filiado ao partido comunista (o que era verdade) e explicou que os aspectos "subversivos" de suas obras deveriam ser vistos no quadro geral de uma "subversão" contra Hitler. E fez questão de discutir deficiências das traduções de seus textos com os parvos inquisitores direitistas (Peixoto 1991, p.118-25).

Em fins de 1947, saiu dos Estados Unidos, passou por Paris e foi se instalar em Zurique, na Suíça. Pretendia voltar para a Alemanha, mas via seu país natal dividido, uma parte sob controle soviético, outra ocupada por norte-americanos, ingleses e franceses, e temia que ao optar por uma das duas Alemanhas viesse a "morrer para a outra".

Procurava ganhar tempo na Suíça. Para se divertir, escreveu dois poemas pornográficos e, de pura molecagem, assinou-os como "Thomas Mann" (escritor pelo qual tinha uma antiga implicância).

Obteve um passaporte austríaco e o manteve até o fim da vida. Fez contratos para publicar seus livros com um editor da parte oriental e com outro da parte ocidental da Alemanha. Como as autoridades norte-americanas não facilitavam a autorização para que ele se instalasse na parte ocidental do país, o poeta acabou por se estabelecer em Berlim, em maio de 1949, na zona controlada pelos russos.

Encerrou, assim, o ciclo iniciado em 1933, quando tinha sido forçado a começar sua longa caminhada por terras estrangeiras. Via-se diante de uma situação bastante diversa daquela que existia por ocasião da sua partida. Percebia que a Alemanha entrava numa nova fase da sua história, mas não tinha promovido um autêntico ajuste de contas com o seu passado.

Como escreveu Luís Fernando Veríssimo: "Brecht fez uma volta simbólica ao mundo, da Berlim de Weimar à Berlim do pós-guerra, e a bagagem mais pesada que precisou carregar foi a sua coerência estilística. Chegou com ela intacta, mas teve que largar algumas ilusões pelo caminho" (*Jornal do Brasil,* 7-4-1991).

O "filho pródigo" que voltava precedido pelos incêndios era um cinqüentão vivido e sofrido, tinha perdido alguns de seus amigos mais queridos, e via o capitalismo no mundo mais fortalecido do que nunca.

Assumiu a direção do Berliner Ensemble, disposto a dar prosseguimento a sua atividade como homem de teatro. E iniciou aquele que seria o último período da sua vida.

5

Os últimos anos. Realidade e utopia. Crise da poesia política.

Em que condições Brecht viveu seus últimos anos em Berlim? Quais eram exatamente suas relações com os dirigentes da República Democrática Alemã, criada na zona de ocupação soviética? Como a situação influenciou sua produção poética?

O caminho da poesia política não foi abandonado, porém se tornou pedregoso, difícil de ser trilhado. Por um lado, a exigência de coerência impelia o poeta comprometido com os ideais do comunismo a apoiar um Estado que lhe parecia, ainda que com tropeços, corporificar um projeto de inspiração marxista. Por outro, não lhe era possível ignorar que muitas coisas, no novo Estado, não estavam caminhando bem.

O respeito que sentia pela dedicação à "causa" e o apreço que tinha pela coragem demonstrada pelos velhos companheiros na resistência contra o nazismo não eram acompanhados pela convicção de que o governo desses velhos camaradas correspondia, de fato, às necessidades e aos anseios dos trabalhadores alemães.

Pior: aos poucos, foi notando que, além do dogmatismo e da estreiteza sectária dos companheiros mais antigos, crescia a influência de jovens burocratas oportunistas, pessoas que prejudicavam, a seus olhos, a imagem de uma nova geração, da qual havia esperado muito.

Sentia-se, obviamente, numa posição incômoda. Uma nova ambigüidade se infiltrava na sua perspectiva: não gostaria de "embelezar" uma realidade problemática, mas temia, como se dizia na linguagem da época, "levar água para o moinho dos inimigos do socialismo".

Evitava responsabilizar Stalin pelas distorções que sabia existirem na sociedade soviética. Quando o ditador morreu, em 5 de março de 1953, homenageou-o com uma declaração emocionada. Em 17 de junho, pouco mais de três meses depois, numerosos trabalhadores da capital da República Democrática Alemã se revoltaram contra o governo stalinista instalado em nome deles e foram para as ruas protestar. Brecht reiterou seu apoio à direção do partido comunista, mas pediu que a massa dos operários sublevados não fosse tratada como uma cambada de agentes provocadores e fosse ouvida pelas autoridades em suas reivindicações. Evitando colidir com os dirigentes do partido, o poeta deslocou sua crítica para o burocrata que dirigia a União dos Escritores.

O Secretário-Geral da União dos Escritores tinha dito que o povo, ao se sublevar, deixara de merecer a confiança do governo. Brecht, no poema "A solução" (*GG*, p.1010), ridicularizou-o, perguntando:

Não seria
mais fácil o governo dissolver
o povo e
eleger um outro?

Wäre es da
Nicht doch einfacher, die Regierung
Löste das Volk auf und
Wählte ein anderes?

Nos três últimos anos de sua vida, falava em "limpar as cavalariças de Áugias" do Estado alemão-oriental (Völker 1976), aludindo a uma dos mais penosos trabalhos de Hércules, quando, por ordem do rei Euristeu, o herói grego precisou remover toneladas de esterco. Os dirigentes do partido comunista o prestigiavam, mas às vezes lhe punham limites: Ewen conta que o poeta enfrentou dificuldades para publicar por uma editora do Estado um álbum com fotos de guerra e pequenos textos pacifistas (Ewen 1991, p.456).

Sua posição, entretanto, nunca chegou a ser a de questionar o regime. Fez, inclusive, poemas que funcionavam como propaganda da República Democrática Alemã. Num deles, por exemplo, dizia que a casa dos homens não deveria estar sujeita a percevejos, a corretores de imóveis e a empresários da construção civil. E acrescentava (*GG*, p.955):

Todo ser humano gosta de ter um teto;
por isso, edificar é um caminho correto.
Mas o homem deve sentir-se em casa, instalado;
por isso, estamos edificando um novo Estado.

Jeder sitzt mal gerne unterm Dache
Drum ist aufbaun gar kein schlechter Rat
Aber es muss sein in eigner Sache
Und so baun wir erst 'nen neuen Staat.

A pergunta que não chegava a ser formulada era: o "novo Estado" estava efetivamente agindo no sentido de que cada trabalhador pudesse se sentir instalado "em casa"? Brecht com certeza gostaria de acreditar nisso, porém o que acontecia ao redor não fortalecia essa crença.

Chega-lhe, por exemplo, a notícia de que as autoridades da RDA haviam determinado a construção de novas cidades, planejadas por equipes de urbanistas e de arquitetos. O comentário do poeta não deixa dúvidas a respeito da sua discordância (*GG*, p.1010):

Soube que estão construindo cidades,
não fui lá ver:
é algo que pertence à estatística, pensei,
e não à história.
O que são cidades construídas
sem a sabedoria do povo?

Ich habe gewusst, dass Städte gebaut wurden
Ich bin nicht hingefahren.
Das gehört in die Statistik, dachte ich,
Nicht in die Geschichte.
Was sind schon Städte, gebaut
Ohne die Weisheit des Volkes?

A teimosa infiltração da desconfiança na confiança programática incomodava o poeta. E apesar do compromisso político, o mal-estar acabava por se expressar em seus versos. É o que se vê, claramente, no poema "A troca de roda" (*GG*, p.1009):

Sentado na calçada,
vejo o motorista trocando a roda do carro.
Não me sinto bem no lugar de onde venho,
não me sentirei bem no lugar para onde vou.

Por que, então, espero a troca de roda
com impaciência?

Ich sitze am Strassenrand
Der Fahrer wechselt das Rad.
Ich bin nicht gern, wo ich herkomme
Ich bin nicht gern, wo ich hinfahre.
Warum sehe ich den Radwechsel
Mit Ungeduld?

O presente se tornava sufocante, a situação subjetiva do poeta se complicava. No capitalismo, animavam-no os indícios de insatisfação, os sinais de uma possível revolta, cuja dinâmica "natural" apontava na direção do socialismo. Num Estado que se declarava socialista, contudo, quais poderiam ser os caminhos da canalização da revolta na direção de uma sociedade mais livre e mais justa?

O revolucionário que ansiava por um futuro melhor não conseguia enxergar com nitidez as articulações necessárias entre os movimentos que se realizavam no presente e as imagens da sociedade vindoura. Como sair de um socialismo cada vez mais inequivocamente "emperrado" para um socialismo mais vivo e mais verdadeiro?

Um poema desse período parece indicar que o poeta, sentindo-se incapaz de responder à questão, optava pelo sonho: mantinha de pé sua fé no comunismo atrelando-a pura e simplesmente à imagem idealizada da sociedade futura (como se dissesse: não sei como, mas um dia chegaremos lá). O poema sugere uma entrega sem reservas à utopia (curiosa, num marxista). Brecht escreveu (*GG*, p.1027):

Um dia vai chegar o tempo
em que nós pensaremos todos os pensamentos

de todos os pensadores de todos os tempos
e veremos todos os quadros de todos os grandes
    pintores
e riremos de todas as graças de todos os
    humoristas
e cortejaremos todas as mulheres
e ensinaremos a todos os homens.
Einmal, wenn da Zeit sein wird
Werden wir die Gedanken aller Denker aller
Zeiten bedenken
Alle Bilder aller Meister besehen
Alle Spassmacher belachen
Alle Frauen hofieren
Alle Männer belehren.

Independentemente de qualquer avaliação estética que se possa fazer desse poema, pode-se considerá-lo uma manifestação do impasse em que se encontrava a perspectiva política de Brecht. Sua utopia, embora tenha imagens graciosas, carece inteiramente da força que se encontrava nos poemas políticos das fases precedentes. A imagem da felicidade fica limitada a poucas fruições surpreendentemente reduzidas à esfera intelectual, com um sintomático abandono das preocupações tradicionalmente materialistas do poeta. Além disso, a universalidade do horizonte utópico fica prejudicada pela adoção de um ângulo exclusivamente masculino, "machista", na imagem da alegria de poder "cortejar todas as mulheres" (que reserva para os homens o papel ativo de sujeitos).

Hannah Arendt percebeu o prejuízo que os problemas irresolvidos na reflexão política acarretaram para a poesia de Brecht. Chegou até a afirmar, num exagero polêmico, que "o pior que pode acontecer a um poeta é deixar de ser poeta, e foi o que aconteceu a Brecht nos últimos anos de sua vida" (Arendt 1987, p.182).

Brecht, na realidade, nunca deixou de ser poeta. A própria Hannah Arendt admitiu que ao menos um dos últimos poemas — "Canção de um apaixonado" (GG, p.994) — era "um produto perfeito". E reconheceu que em outros poemas desse período podem ser encontrados alguns "versos tocantes".

Contudo, é significativo que os melhores poemas da fase final não sejam poemas políticos e sejam, em geral, poemas de amor.

Sabe-se que Brecht teve uma intensa vida amorosa, vários biógrafos já fizeram revelações a respeito do incansável sedutor. Sabe-se também que o poeta partilhava às vezes não só a cama e a mesa, mas também a máquina de escrever com sua mulher, Helene Weigel, e com diversas amigas.

Recentemente, o inglês John Fuegi publicou um livro de setecentas páginas, fruto de trinta anos de pesquisa (Fuegi 1994), insistindo no tema e acusando Brecht de ter explorado suas mulheres, pondo-as a trabalhar para ele. Fuegi afirma (sem efetiva comprovação) que Elizabeth Hauptmann é a autora da maior parte do texto da *Ópera de três centavos*; que Ruth Berlau e Margareth Steffin escreveram juntas *A alma boa de Se-Tsuan* e *O círculo de giz caucasiano*; que Margareth Steffin escreveu ainda boa parte de *Galileu* e *Mãe coragem*. Afirma também que Carola Neher, Marieluise Fleisser, Käthe Reichel e Käthe Rulicke colaboraram na preparação de outros textos. O livro passa aos leitores a imagem de um Brecht monstruosamente egoísta, misógino, que manipulava as mulheres. Perde, contudo, seu poder de persuasão por causa do exagero (Brecht é acusado até de ser anti-semita e simpatizante do nazismo).

O sensacionalismo de Fuegi tem algo de cômico. Como o extraordinário gigolô teria conseguido fazer todas as suas mulheres escreverem *no mesmo estilo*, isto é, no estilo inconfundível que, conforme reconhecimento unânime da crítica, confere unidade à sua obra? Parece óbvio que, por mais importantes que tenham sido as contribuições das colaboradoras (e por mais que o poeta possa ter sido ingrato com elas), ele preservou o tempo todo o controle do trabalho, na condição de *autor*.

Haveria muito a ser dito, certamente, sobre as relações de Brecht com as mulheres. É possível que ele tenha tido atitudes eticamente discutíveis, mas também é possível que alguns dos padrões de relacionamento homem/mulher por ele adotados, em alguns casos, tenham sido mal compreendidos e condenados por contrastarem com os padrões que eram adotados (e cristalizados) na época em que ele viveu, na primeira metade do século XX.

Em favor do poeta pode-se observar que seus poemas de amor expressam vivências amorosas intensas e densas. Vale a pena exemplificar. Embora Hannah Arendt tenha advertido que o poema "Canção de um apaixonado" é rigorosamente intraduzível (entre outras razões porque glosa uma cantiga de roda alemã), tomo aqui a liberdade de traduzir um pequeno trecho:

De um buquê seis rosas rubras
são levadas pelo vento;

fica a sétima, no intento
de que a descubras.
Sete vezes eu te chamo,
seis vezes tu me ignoras.
Na sétima eu digo "te amo"
e tu — promete! — tu coras.

Sieben Rosen hat der Strauch
Sechs gehör'n dem Wind
Aber eine bleibe, dass auch
Ich noch eine find.
Sieben Male ruf ich dich
Sechsmal bleibe fort
Doch beim siebten Mal, versprich,
Komme auf ein Wort.

Embora estivesse fisicamente enfraquecido e seu estro político estivesse atolado numa grave crise, sem perspectiva de superá-la, Brecht continuava a versejar com desenvoltura e talento a respeito do amor.

Pouco antes de morrer, na noite de 14 de agosto de 1956, vítima de um infarto do miocárdio, ainda tinha energia poética suficiente para reassumir mais uma vez o movimento vigoroso das suas contradições, pondo-o num magnífico poema (*GG*, p.1024):

Vou às vezes ao vazio,
volto do vazio cheio.
Quando me acerco do Nada,
redescubro o necessário.
Na sensação derramada
sou sempre um pouco usurário,
mas do meio do meu frio
nasce um calor, me incendeio.

Geh ich zeitig in die Leere
Komm ich aus der Leere voll.
Wenn ich mit dem Nichts verkehre

Weiss ich wieder, was ich soll.
Wenn ich liebe, wenn ich fühle
Ist es eben auch Verschleiss
Aber dann, in der Kühle
Werd ich wieder heiss.

6

As circunstâncias transcendidas. A permanência na mudança.

Toda poesia — ensinava o velho Goethe — é poesia de circunstância. Brecht confirma isso: cada poema seu mostra com franqueza as marcas do momento e do contexto em que nasceu.

Mas Brecht vai mais longe do que Goethe. Em um de seus versos (que aparece mais de uma vez em sua obra) o poeta do século XX nos diz: "Tudo se transforma." E acrescenta: "Tudo se transforma e só existe para a sua época" [*Alles wandelt sich und ist nur für seine Zeit*] (*GG*, p.791).

No entanto, poesia é *linguagem*: nela, o poeta trabalha suas vivências e lhes confere uma *forma* capaz de lhes atribuir densidade significativa. Transfigura suas sensações, seus sentimentos, elevando-os a um plano no qual outras criaturas podem se reconhecer neles. Realiza, portanto, um movimento *universalizador* que parte sempre da circunstância para transcendê-la na linguagem.

Através do acerto formal alcançado no plano da linguagem, a poesia tem o poder de atingir leitores situados em outros tempos, em outros contextos. Em circunstâncias diferentes daquelas em que o poema se formou.

Assim, a própria poesia de Brecht, na medida em que preserva hoje o seu vigor e é lida com emoção por leitores de outras culturas e de outros tempos, corrige a unilateralidade do verso, na parte em que ele afirma: "...só existe para a sua época". Fica de pé a primeira parte do verso, em que proclama: "Tudo se transforma" (que aliás é a idéia central do poema de estrutura circular comentado no capítulo 4).

O que chamamos história, em princípio, é esse movimento transformador que tudo abrange, que se realiza em todas as coisas. Contudo, como efetua diferentes trajetórias em tempo múltiplo, ele promove em seu interior distinções importantes entre o que é mais ou menos efêmero e o que é mais ou menos duradouro.

Alguns poemas sobrevivem, preservam sua eficácia poética, manifestam uma preciosa capacidade de perdurar não porque estejam situados *acima* da história ou *fora* dela, mas porque passam pelo teste de serem submetidos a novas leituras, reavaliações, reinterpretações, e conseguem tocar novos leitores, que os enxergam com novos olhos, a partir de novas circunstâncias. Leitores que viveram uma história que o autor não viveu são levados a perceber na obra aspectos que o próprio autor não percebia. E com isso a obra, de algum modo, se transforma.

Como ficam os poemas de Brecht nesse movimento no qual se inserem e que, modificando-os, os traz até nós? À luz das preocupações que a nossa história nos impõe, neste final de século XX, o que podemos dizer sobre as representações da história da primeira metade do século na obra poética do escritor alemão?

Em breve, estará sendo comemorado o centenário do nascimento do poeta (1898/1998). Podemos prever que os críticos se dividirão na avaliação do legado brechtiano. E é fácil imaginarmos que, como autor polêmico, provocador, que se comprazia em ser, Brecht gostaria de ser objeto de controvérsias *post mortem*.

O que poderão alegar os críticos na discussão que provavelmente vai dividi-los? O que poderão observar a favor ou contra a obra poética do nosso autor? Impossível sabermos. Surpresas sempre são possíveis nas reavaliações de artistas e escritores do passado. Podemos, contudo, especular, arriscar alguns palpites.

Que poemas serão lidos com maior emoção no futuro próximo? Entre eles, vale a pena apostar, estarão alguns dos poemas que tematizam a inumanidade crescente da vida nas grandes cidades modernas. Há vários indícios de que as vigorosas advertências do poeta contra a brutalidade das nossas metrópoles "inabitáveis" continuam tendo um significativo eco.

Versos escritos em 1922 são lidos com viva emoção quase oitenta anos depois. No poema "Sobre o pobre B.B.", o poeta dava seu grito de alerta:

> Dessas cidades só ficará: o vento que passa por elas.
> A casa acolhe alegremente o visitante que chega,
>   mas ele a depreda.
> Sabemos que somos provisórios

e depois de nós virá: nada que valha a pena
mencionar.
*Von diesen Städten wird bleiben: der durch sie
hindurchging, der Wind!*
Frölich machet das Haus den Esser: er leert es.
Wir wissen, dass wir vorläufige sind
Und nach uns wird kommen: nichts Nennenwertes.

Na afirmação de que sabemos ser provisórios transparecia a sofrida inquietação a respeito da possibilidade de os seres humanos jamais poderem ultrapassar os limites de suas existências finitas, por serem incapazes de ir além de suas realidades empíricas individuais; por serem incapazes de realizar obras duradouras ou de incorporar algo ao movimento de uma humanidade disposta a perdurar.

A angústia que Brecht sentia em 1922 ganhou maior consistência ao longo das décadas seguintes e se expressa hoje na preocupação que temos com a existência de sofisticadíssimas armas nucleares, com o agravamento das tensões sociais, com a vertiginosa destruição do meio ambiente, com a proclamada "ingovernabilidade" crescente das nossas cidades. A história que vivemos, então, nos tornou ainda mais receptivos ao poema do que os contemporâneos de Brecht.

E na vasta produção da poesia política, qual poderá vir a ser a receptividade dos escritos do nosso autor?

Extinta a União Soviética, derrubado o "Muro de Berlim", reunificada a Alemanha sob a égide do capitalismo, sepultada a República Democrática Alemã, exaurido o leninismo, não podemos deixar de enxergar numerosos aspectos "datados" nas vicissitudes do envolvimento de Brecht com os comunistas e na expressão desse envolvimento em suas obras.

Empenhado em fazer história, o escritor revolucionário tropeça numa história que o dribla, que lhe escapa, que não corresponde aos seus critérios. Empenha-se em ser fiel a uma organização — o partido comunista — que deveria canalizar as energias transformadoras emergentes do proletariado para a criação de uma sociedade justa (o socialismo) e que afinal o enreda numa teia invisível mas fortíssima de compromissos éticos que o induzem a aceitar... injustiças.

O contestador se vê paralisado por uma arapuca burocrática que ele mesmo ajudou a armar. Esse equívoco não desqualificaria toda a sua poesia política ?

Na resposta a essa pergunta impõem-se algumas ponderações. Antes de mais nada, cumpre reconhecer que Brecht fez muitos poemas de agitação e propaganda ("agitprop", na terminologia da época). E é evidente que esse tipo de poema tem sua eficácia seriamente prejudicada quando se ofusca, na sociedade, a causa pela qual ele agita e da qual faz propaganda. Nas condições atuais, não se pode esperar que eles tenham efeito comparável àquele que tiveram (ou poderiam ter tido) em 1930.

Por outro lado, é importante ressalvar que nem toda a poesia política de Brecht se reduziu à "agitprop". Um leitor contemporâneo despreconceituoso, lendo alguns poemas políticos do nosso poeta, dificilmente deixará de ficar impressionado com a força com que eles nos trazem a arrebatadora paixão revolucionária daquele que os escreveu.

Há algo de profundamente *verdadeiro* na poesia política de Brecht. A disposição questionadora, a revolta contra a injustiça, o anseio por um mundo melhor, a consciência da necessidade de contribuir para a organização dos "de baixo" na luta para vencer a resistência dos "de cima", tudo isso irrompe nos versos como manifestação vital de algo que está enraizado na alma do poeta e que ele precisava pôr para fora.

As condições em que se difunde agora o estado de espírito chamado de "pós-moderno" não devem obscurecer, na nossa compreensão dos poemas revolucionários, a capacidade de enxergar as *motivações* do poeta.

Nas circunstâncias da República de Weimar, do assassinato de Rosa Luxemburgo, de Karl Liebknecht e de Leo Jogiches; no quadro da decepção causada pelo oportunismo da social-democracia alemã; na situação em que se deu a ascensão do nazismo ao poder, um democrata radical tinha freqüentemente boas razões para simpatizar com as desassombradas posições anticapitalistas assumidas pelos "vermelhos".

Os defeitos do sectarismo se dissipavam quando os revolucionários eram comparados à classe dominante. Quem quiser ter uma imagem da repugnância que os privilegiados e os detentores do poder, os banqueiros e os grandes burocratas provocavam na intelectualidade oposicionista, na cultura de fala alemã, pode olhar os desenhos grotescos de Georg Grosz ou pode ler *Na colônia penal*, de Kafka.

Pode-se mesmo dizer que, nas condições históricas em que Brecht vivia, às vezes *era difícil não ser comunista.* O comunismo aparecia em alguns momentos como o canal "natural" para o investimento das energias daqueles que não se conformavam com a inumanidade da sociedade burguesa e ansiavam pela criação revolucionária de uma sociedade menos brutal, menos cínica, menos cheia de desigualdades escandalosas.

Brecht nunca abriu mão de seu visceral inconformismo. E é seguramente esse sentimento de insatisfação em face do que vê à sua volta que confere à sua poesia política, naquilo que ela tem de melhor, o poder de interessar aos inconformistas que continuam existindo neste final de milênio, por mais distanciados que possam se sentir em relação às fórmulas comunistas de sessenta anos atrás.

Já nos referimos ao encontro do poeta com os escritos de Marx e ao fato de que Brecht se entusiasmou com o autor do *Capital* menos por suas soluções e mais por seu vigor questionador em face do capitalismo. Os conceitos que assimilou da leitura do "espectador ideal" de suas peças lhe trouxeram a convicção de que, para ser mais conseqüente na contestação à burguesia, ele não deveria se limitar a agir como um "livre atirador": deveria se apoiar no ponto de vista do proletariado. Deveria pensar criticamente a sociedade burguesa do ângulo correspondente à posição do trabalhador, isto é, do homem que está excluído da propriedade particular dos grandes meios de produção e que só tem para vender no mercado, no essencial, a sua força de trabalho.

Esse aspecto da leitura de Marx por Brecht não teve sua importância suficientemente reconhecida por Jan Knopf. Num artigo publicado numa influente revista alemã, Knopf lembrou a frase de Hegel segundo a qual o herói não é reconhecido como tal por seu criado de quarto, não porque o herói não seja herói, mas porque o criado de quarto é um criado de quarto. Para Knopf, Brecht, insurgindo-se contra a interpretação elitista da história como obra de "grandes homens", solidário com os seres anônimos do povo, encampa a perspectiva do criado de quarto: "Por que o criado de quarto (*Kammerdiener*) não escreveria a história sem heróis?" (Knopf 1973, p.100).

Convém observarmos, entretanto, que o que Brecht contrapõe à história ideológica que gira em torno dos "heróis" não é, absolutamente, a história escrita pelo "criado de quarto", que o filósofo tcheco Karel Kosik desqualifica como mero "lacaio" (Kosik 1994, p.191). Também não é, de modo algum, a história escrita a partir de uma solidariedade acrítica e incondicional à generalidade dos "de baixo" (já que eles podem se rebelar contra a opressão, mas também podem conciliar com ela, ou resignar-se passivamente a ela, acomodando-se à canga que lhes é imposta). A alternativa para a história que vem sendo feita pelos exploradores do trabalho é a história que poderá vir a se fazer tendo como principal alavanca o movimento revolucionário dos trabalhadores.

Os trabalhadores, ao contrário do criado de quarto, não se prendem à esfera privada; podem empreender a luta política organizada, podem atuar na esfera pública e transformar estruturalmente a sociedade.

Essa expectativa poderia levar o poeta a resvalar facilmente para uma idealização do proletariado. Atribuindo-lhe a faculdade de enxergar o todo da sociedade, em sua dinâmica, e entender-lhe o movimento (tal como Lukács fazia em 1922, em *História e consciência de classe*), Brecht corria o risco de transformar a classe operária numa espécie de "chave" mágica, que abriria todas as portas da história e explicaria todas as suas contradições.

Contudo, o trabalhador que fascina Brecht não é aquele que pretensamente "resolve o enigma da história" (conforme palavras usadas em outro contexto pelo jovem Marx): é aquele que, no diálogo com a história, é capaz de interpelar o historiador com maior radicalidade. O trabalhador com quem o poeta se identifica é aquele que se inquieta, que insiste em compreender melhor (mais criticamente) o mundo que anseia por transformar. É o trabalhador que lê e faz perguntas, como está caracterizado no poema "Perguntas de um trabalhador que lê" (GG, p.656):

> Quem construiu Tebas, a cidade das sete portas?
> Nos livros estão nomes de reis.
> Os reis carregaram pedras?
>
> *Wer baute das siebentörige Theben?*
> *In den Büchern die Namen von Königen.*
> *Haben die Könige die Felsbrocken*
> *herbeigeschleppt?*

As indagações se sucedem, sem uma ordem aparente, porém sempre desmontando os artifícios ideológicos do elitismo dos historiadores:

> Em que casas na dourada Lima
> viviam aqueles que a edificaram?
> No dia em que a Muralha da China ficou pronta
> para onde foram os pedreiros?

In welchen Häusern
Des goldstrahlenden Lima wohnten die Bauleute?
Wohin gingen an dem Abend, wo die
Chinesische Mauer fertig war
Die Maurer?

O trabalhador que lê não tem respostas prontas para as suas perguntas, não propõe a substituição de um elenco de pseudoverdades por outro elenco de "verdades verdadeiras". Seu poder desmistificador está na sua capacidade de reabrir as questões que estão soterradas por explicações doutrinárias de fundo conservador. Ele lê os livros que relatam as vitórias de Alexandre e de César, registra as informações que lhe trazem e continua sempre se espantando com o que não está dito:

A cada página, uma vitória.
Quem preparava os banquetes comemorativos?
A cada dez anos, um grande homem.
Quem pagava as contas?

Jede Seite ein Sieg
Wer kochte den Siegesschmaus?
Alle zehn Jahre ein grosser Mann
Wer bezahlte die Spesen?

Sem recorrer a qualquer dogma ou princípio doutrinário, o personagem brechtiano nos reaviva o poder de "estranhar", que reage às construções ideológicas:

O jovem Alexandre conquistou a Índia.
Sozinho?
César derrotou os gauleses.
Não tinha com ele sequer um cozinheiro?

Der junge Alexander eroberte Indien.
Er allein?

Cäsar schlug die Gallier.
Hatte er nicht wenigstens einen Koch bei sich?

A atitude indagadora/desmistificadora do trabalhador do poema de Brecht não será o caminho mais sábio para o sujeito empenhado em submeter o conhecimento histórico a uma efetiva revisão permanente?

A postura por ele assumida não é aquela que em princípio abre espaço para a compreensão de que é a *autotransformação do sujeito que questiona* que lhe permite acompanhar as transformações incessantes da realidade objetiva, renovar-se com elas, e — renovando-se — sintonizar seu pensamento com *o que perdura* na história (a mudança que se pensa)?

Ao optar, não pela substituição de saberes constituídos, mas pela interrogação, ele não estará se abrindo para a compreensão cada vez mais abrangente da infinita diversidade das circunstâncias e, ao mesmo tempo, para a superação possível delas, através de uma reflexão que nunca se interrompe porque indaga sempre?

Conclusões

Depois de ter se empenhado em enaltecer a postura indagadora do "operário que lê", seria uma flagrante incoerência se o presente ensaio pretendesse chegar ao fim com algumas conclusões afirmativas, peremptórias, formuladas em tom dogmático.

De fato, as observações que ao longo do texto foram sendo feitas a respeito das relações entre a poesia de Brecht e a história procuravam esclarecer alguns pontos dessas relações, dissipando alguns mal-entendidos, porém não tinham a pretensão de submetê-las a uma explicação cabal e definitiva.

Pude observar como em diferentes momentos se articularam — diversamente — na obra poética do escritor alemão as urgências da militância, as paixões do combatente, as dúvidas do artista, as complicações do homem e a consciência do intelectual atento para a inesgotabilidade do real e para a infinita riqueza das contradições.

Em vez de uma linha evolutiva linear, defrontei-me com um movimento complexo, marcado por algumas rupturas significativas (a conversão ao comunismo) e algumas recorrências sintomáticas (a injustiça da extrema desigualdade social, a preocupação com a "inabitabilidade" das grandes cidades contemporâneas).

Chamou-me a atenção, também, a persistência na expressão poética, o fato de que nosso autor tenha feito numerosas experiências no plano da criação artística, em vários domínios, mas nunca tenha deixado de escrever versos.

Por sua própria natureza, a expressão lírica, ao que tudo indica, abria espaço na literatura para que o escritor escapasse à organização auto-imposta ao seu pensamento pelas necessidades do combate eficaz.

Nas peças de teatro, destinadas à encenação, dirigidas a pessoas que as veriam *juntas*, o impacto diretamente político da conscientização não podia deixar de se impor com ênfase especial à consideração do autor revolucionário. Os poemas, que em geral seriam lidos por pessoas isoladas, por indivíduos postos numa relação mais íntima com o texto, permitiam ao poeta um afrouxamento na vigilância autocrítica, uma espontaneidade maior na expressão de sentimentos politicamente indefinidos.

Como intelectual influente, artista famoso, Brecht era levado a assumir compromissos e responsabilidades inerentes à sua atuação na esfera pública. Sua solidariedade à luta dos comunistas lhe impunha o preço de uma autodisciplina política, prática e teórica. Suas idéias a respeito da história deveriam inevitavelmente se concatenar, de modo a fortalecer sua identificação voluntária com os militantes. Uma certa crispação doutrinária decorria dessa disposição e das circunstâncias em que ela era alimentada.

A poesia, no entanto, escapava a esse controle. A sensibilidade específica do poeta não se deixava reduzir às formas impostas por essa crispação. Levava-o a enxergar problemas e dar conta de complicações que o intelectual engajado, absorvido pelas necessidades do combate, tendia a minimizar.

A disposição revolucionária do ativista aproximava-o de seus companheiros, irmanava-o a eles, integrava-o a uma dinâmica coletiva, convencendo-o de que devia contribuir para uma história que *só podia se fazer coletivamente*.

A poesia, contudo, acrescentava aos ímpetos do coração engajado as hesitações, as impressões caóticas, as cismas, as perplexidades, os sentimentos aparentemente gratuitos, as fantasias "inexplicáveis" do *indivíduo* contraditório que continuava a existir, implacavelmente, dentro do revolucionário.

Como o revolucionário, então, lidava com o poeta? Além de pedir-lhe que escrevesse poemas politicamente "úteis", que razão o revolucionário teria para aceitar a coexistência pacífica (?) com o poeta?

Em outras palavras: de que modo a consciência apaixonadamente politizada de Brecht encontrava argumentos para legitimar a necessidade da expressão lírica a que ele se dedicou ao longo de toda a sua vida, sem renunciar à produção de poemas que não se justificariam por sua "utilidade" revolucionária?

Havia em Brecht uma dimensão de solidão que ele conhecia e que coexistia com a sua sociabilidade. É provável que ele concordasse com a conhecida tese do filósofo Kant de que o homem é um ser "social insociável" (Kant 1986). Existimos em sociedade, mas existimos nos individualizando. Brecht se sabia uma criatura singular, um homem meio solitário, mesmo entre seus companheiros. E o que legitimava a expressão lírica a que ele jamais renunciou era, provavelmente, sua convicção de que, paralelamente à transformação da sociedade, a sua "autotransformação" pessoal (a *Selbstveränderung* a que se referia Marx nas "Teses sobre Feuerbach") dependia de um esforço questionador que só ele, por conta própria, poderia empreender. Assumir-se a si mesmo, ajustar contas consigo mesmo, indagar de sua autenticidade são atribuições existenciais e eventualmente imperativos éticos que ninguém pode delegar a nenhuma coletividade.

Assim como fazemos parte da natureza mas não pertencemos inteiramente a ela, também somos seres sociais sem, no entanto, nos "dissolvermos" na sociabilidade. A sociedade nos forma, porém nós é que, no nosso discurso adulto, interpretamos essa formação, dizemos como a vemos, como queremos que venha a ser. E a poesia lírica é historicamente o gênero literário que abre espaço para o sonho individual, para o testemunho inédito de cada *persona* (etimologicamente, a criatura que fala por si).

A lírica de Brecht é a expressão do seu tempo, mas é também — decisivamente — a expressão da sua *personalidade*, da sua identidade, da sua individualidade, da sua inquietação pessoal, da sua rebeldia peculiar, do seu temperamento questionador.

Sua identificação com o "trabalhador que lê" está ligada à sua vontade de se servir do pensamento de Marx não como um conjunto de explicações, mas como um poderoso estímulo para o questionamento de todas as explicações constituídas, quer dizer, para o questionamento tanto das explicações que os outros nos impingem como das que nós mesmos adotamos e nos recusamos a rever.

A concepção da história que combina com essa maneira de ver, então, só pode subsistir em estado de insurreição contra o que é tido e havido por sabido. A poesia que se compromete com semelhante concepção pode se apoiar na experiência, em alguma forma de compreensão do caminho percorrido, porém o projeto que a atravessa aponta para o futuro, adverte-a para a auto-superação que ela precisará enfrentar. E lhe indica que é nessa auto-superação incessante que ela poderá se compreender em sua genuína historicidade.

Bibliografia

ARENDT, Hannah, *Homens em tempos sombrios.* São Paulo, Companhia das Letras, 1987.

BENJAMIN, Walter, *Versuche über Brecht.* Frankfurt, Suhrkamp, 1966.

BLOCH, Ernst, *Verfremdungen* I. Frankfurt, Suhrkamp, 1962.

BOHNERT, Christiane, *Brechts Lyrik im Kontext. Zyklen und Exil.* Königstein, Athenaeum, 1982.

BOLLE, Willi, "Introdução à poesia de Brecht", in *Brecht no Brasil.* Rio de Janeiro, Paz e Terra, 1987.

BRECHT, Bertolt, *Gesammelte Gedichte.* Frankfurt, Suhrkamp, 1976, 4 vols.

———, *Arbeitsjournal*. Frankfurt, Suhrkamp, 1973.

———, *Teatro completo.* Rio de Janeiro, Paz e Terra, 1986-1995.

CARPEAUX, Otto Maria, *História da literatura ocidental.* Rio de Janeiro, O Cruzeiro, 1966.

CASES, Cesare, *Saggi e note di letteratura tedesca.* Turim, Einaudi, 1963.

CHIARINI, Paolo, *Bertolt Brecht.* Bari, Laterza, 1954.

FREY, Daniel, *Brecht, un poète politique.* Lausanne, L'age d'homme, 1987.

FUEGI, John, *The Life and Lies of Bertolt Brecht.* Londres, Harper Collins, 1994.

HEGEL, Georg W.F., *A fenomenologia do espírito.* Petrópolis, Vozes, 1992, 2 vols.

KANT, Immanuel, *Idéia de uma história universal de um ponto de vista cosmopolita.* São Paulo, Brasiliense, 1986.

KESTING, Marianne, *Brecht.* Hamburgo, Rowohlt, 1986.

KNOPF, Jan, "Gemeine Geschichte oder der Kammerdiener als Historiograph" in *Text und Kritik, Sonderband Brecht II.* Munique, 1973.

KOSIK, Karel, "Das Jahrhundert der Grete Samsa" in *Kafka und Prag.* Berlim, Walter de Gruyter, 1994.

LUKÁCS, Georg, *Die Theorie des Romans.* Neuwied/Berlim, Luchterhand, 1971.

MARSCH, Edgar, *Brecht Kommentar — zum lyrischen Werk.* Munique, Winkler, 1974.

MENNEMEIER, Franz Norbert, *Bertolt Brechts Lyrik.* Düsseldorf, Bagel, 1982.

PEIXOTO, Fernando, *Brecht, vida e obra.* Rio de Janeiro, Paz e Terra, 1974, 2ª ed.

———, *Brecht, uma introdução ao teatro dialético.* Rio de Janeiro, Paz e Terra, 1981.

———, *Hollywood, episódios da histeria anticomunista.* São Paulo, Paz e Terra, 1991.

PIETZCKER, Carl, *Die Lyrik des jungen Brecht.* Frankfurt, Suhrkamp, 1974.

SCHUMANN, Klaus, *Untersuchungen zur Lyrik Brechts.* Berlim/Weimar, Aufbau, 1977.

VÖLCKER, Klaus, *Brecht-Chronik.* Munique, Carl Hansen, 1971.

———, *Bertolt Brecht.* Munique, Carl Hansen, 1976.

Sobre o autor

LEANDRO KONDER, nascido em 3 de janeiro de 1936, é formado em direito e professor de filosofia da educação na PUC/RJ e de história das idéias na UFF. Tem concentrado suas pesquisas no campo da história do pensamento socialista. Suas principais obras são:

Marxismo e alienação. Rio de Janeiro, Civilização Brasileira, 1965.

Kafka, vida e obra. Rio de Janeiro, Paz e Terra, 1966.

Os marxistas e a arte. Rio de Janeiro, Civilização Brasileira, 1967.

Marx, vida e obra. Rio de Janeiro, Paz e Terra, 1968.

Introdução ao fascismo. Rio de Janeiro, Graal, 1977.

A democracia e os comunistas no Brasil. Rio de Janeiro, Graal, 1980.

Lukács. Porto Alegre, L&PM, 1980.

O que é dialética. São Paulo, Brasiliense, 1981.

Barão de Itararé, o humorista da democracia. São Paulo, Brasiliense, 1982.

O marxismo na batalha das idéias. Rio de Janeiro, Nova Fronteira, 1984.

A derrota da dialética. Rio de Janeiro, Campus, 1987.

Walter Benjamin, o marxismo da melancolia. Rio de Janeiro, Campus, 1988.

Hegel, a razão quase enlouquecida. Rio de Janeiro, Campus, 1989.

Intelectuais brasileiros & marxismo. São Paulo e Belo Horizonte, Oficina de Livros, 1991.

O futuro da filosofia da práxis. São Paulo, Paz e Terra, 1992.

Flora Tristan. Rio de Janeiro, Relume-Dumará, 1994.

Bartolomeu. Rio de Janeiro, Relume-Dumará, 1995.

As idéias socialistas no Brasil. São Paulo, Moderna, 1995.

Este livro foi composto pela Textos & Formas, em New Baskerville, e impresso sobre papel 100 g/m² por Tavares e Tristão Ltda., em outubro de 1996.